ÉPITRE

A M....., oncle et frère de plusieurs Généraux de la Grande-Armée, proches Parens-alliés de la famille Impériale, en lui envoyant quatre Devises sur nos victoires en Allemagne.

Suivie de sept Notes intéressantes, dont la 6ᵉ fort ample (p. 309) contient un nouveau plan de Naviga-tion et de Commerce, analogue à nos brillans exploits.

Contente un noble orgueil... J'admire dans ta race,
Sous le plus valeureux, le plus grand des héros,
Des généraux, témoins de sa brûlante audace,
Partageant ses desseins, ses talens, ses travaux.

Alliés comme toi du prince magnanime,
Davoust, Friant, Leclerc, Beaupré, dans les combats,
S'embrâsent de l'ardeur du beau feu qui l'anime,
Bravent tous les dangers, sous ses yeux, sur ses pas. (1)

De Kehl aux monts Krappachs, d'Alsace en Moravie,
Oubliant, négligeant le repos de son nid,
Notre aigle en un seul vol parcourt la Germanie,
Ulm, Neubourg, Passau, Lintz, Vienne, Brinn, Austerl.t. (2)

La ligue hyperborée, au gré de l'Angleterre,
Provoqua nos drapeaux dans une âpre saison :
Perfide !... Elle ignorait que tout français en guerre,
Ne connaît ni frimât, ni neige, ni glaçon.

Né d'un sol enchanté, de bénigne influence,
Il se prive, s'il veut, de ses rians bienfaits ;
Comment d'un ciel glacé craindroit-il l'inclémence,
Quand le chaume à son roi vient former un palais ! (3)

Ton frère et tes neveux, à mes franches devises,
Sans s'y voir désignés, ont les plus amples droits ;
Du Grand Napoléon les vastes entreprises
Furent aussi pour eux autant de hauts exploits.

I

par leur serment commun de paix universelle ,
Les Français, les Germains , tout autre peuple encor,
Deviendront un foyer d'amitié fraternelle ;
Rendront à l'Univers un nouvel âge d'or. ★

Imperturbable ami du bonheur de la France,
C'est toi, qui par tes prompts, indomptables efforts ,
Elevas ta lignée au dégré de vaillance ,
Propre à glacer d'effroi l'ennemi du dehors. (4)

L'étonnant parallele ! . . . à ton ardeur succombent
Trois coursiers valeureux, imprégnés de ton sang;
Devant trois Empereurs , quatre fiers coursiers tombent ,
Par le plomb d'Austerlitz sous le brave Friant.

Nourri de tes périls, du haut du quatrieme ,
Tu vois l'entier repos de l'immense cité ;
Ivre de ses exploits, monté sur le cinquieme ,
Friant reçoit le prix de l'intrépidité.

D'innombrahles brigands , comme autant de furies ,
A dessein soudoyés infestoient tout Paris ;
Ce n'est que cris, que vols, que pillage , incendies...
Tu parois... et soudain le rebelle est soumis. (5)

Pouvoit-il plus long-temps suivre le brigandage ,
Qu'il exerçoit partout sur les Parisiens ,
Dès qu'il vit qu'au clin-d'œil , ton foudroyant courage ,
Contre lui rassembloit cent mille citoyens ?

C'est alors que ton bras, d'un plus solide trône ,
Déjà formait au loin le brillant escabeau ,
Que de Napoléon tu tressois la couronne,
Et chargeois de rubis le merveilleux bandeau.

Selon tes droits sacrés à la reconnaissance,
Sache qu'il t'est voué le solemnel honneur
D'avoir ainsi pu faire , en faveur de la France ,
Du plus grand des mortels un premier Empereur.

Aujourd'hui , zélateur de la pompeuse Rome,
Conçois, crayonne, frappe un divin médaillon :
Qu'on lise d'une part ces trois mots : LE GRAND HOMME ;
Trois autres au revers, LA GRANDE NATION.

Fais sentir que la France est égale à son maître ;
Que son maître consent la même égalité ;
Qu'ensemble et tour à tour jurent de reconnaître
Leur commune légende : A L'IMMORTALITÉ.

Chante à jamais l'éclat de ta gloire suprême !...
Braves fils de Bellone, au rang des favoris
Que couvre noblement l'ombre du diadème,
Tes proches valeureux pour toujours sont admis.

Dis, si tu peux, combien la riche, immense plaine
Qui cerne le berceau de ces vaillans guerriers,
Vers les côteaux chéris de l'Oise et de la Seine,
Depuis trois mois contient, rassemble de lauriers ! (6)

Fuyez loin de nos yeux, fastes démocratiques !...
Nos Français trop nombreux, trop légers, peu constans,
Dupes des factions, victimes anarchiques,
N'offriroient que clameurs, que troubles renaissans.

Les maux que parmi nous deux lustres d'anarchie,
Ont constamment produits par des choix corrompus,
Nous apprenent hélas ! que la démocratie,
Vers d'autres régions doit porter ses vertus.

Président maintefois de civique assemblée,
Franchement j'y traçois la route du bonheur ;
En croyois je toucher l'heureuse destinée ? ...
Sourdement triomphoit un rusé séducteur.

Par l'effet peu prévu d'un prestigieux rêve,
Implacable ennemi de tous les souverains ;
Ivre de liberté, le savant de Génêve,
Inspira la licence à ses contemporains.

Bonne ou mauvaise foi.... plein de sa folle ivresse,
Nulle part il prévient qu'un *contrat social* ;
Favorable aux détours de la scélératesse,
A la franche vertu devient souveut fatal.

De ce travail profond empressé plagiaire,
Pourquoi nous promet-il de si brillans succès.
Avant que les mortels de qui trop il espère,
Soient devenus loyaux, droits, sincères, parfaits ?

Hé ! supposons que soit toute l'humaine race,
Parvenue au sommet de la perfection ! ...
Au mensonger contrat sera soudain fait grace :
N'est plus besoin de lois, ni de leur sanction.

Il faut donc qu'il devienne inutile ou nuisible,
Ce livre si chéri du lecteur vicieux ;
Mais contre le méchant sera toujours terrible,
Le sceptre, protecteur du sujet vertueux.

Il nous falloit bannir et nos abus antiques,
Et tant d'autres plus grands qui germèrent depuis !...
Soit hommage aux moyens vigoureux, spécifiques
Du fort Napoléon ! Nos vœux sont accomplis.

Sous l'empire d'un chef, conquérant invincible,
Qui saisit de terreur les rois les plus puissans,
Français, ne craignons plus qu'un Prince peu paisible
Menace désormais nos cités et nos champs.

Le commerce et les arts, sous l'égide attrayante
De sa main protectrice et de son équité,
Assurent à la France, en tout resplendissante,
Des siécles d'allégresse et de félicité.

Aux honneurs du triomphe, à sa marche brillante,
Les tiens (7) seront placés près du héros vainqueur:
Quelles flammes! quels feux pour ton ame bouillante !
Et quels doux sentimens pour ton sensible cœur!

SUPPLÉMENT

Au chapitre conçu en style lapidaire, page 48, de
l'ouvrage intitulé : *Réunion des Cultes*.

Première devise. *Entrée triomphante de Napoléon dans
la ville de Vienne, dont le trop confiant Empereur
avoit été séduit par l'or de l'Angleterre.*

En un mois, l'an premier de son heureux empire,
Signalant chaque jour par de savans combats,
De l'empereur Germain il parcourt les états,
Et dans Vienne en triomphe éveille le délire.

Deuxième devise. *Combat des Trois Empereurs, ou
la bataille d'Austerlitz, le 12 frimaire.*

J'ai des trois Empereurs vu le combat terrible ;
Et les lauriers cueillis par l'un d'eux, l'invincible :
Alexandre et François devant Napoléon,
Succombant à la force, à l'ardeur du lion.
Tel, aux plaines d'Oimultz, fut le douze frimaire,
De l'Empereur français l'auguste anniversaire.

Troisième devise. *Sur les rapides et nombreuses
victoires de nos valeureux Conscrits, et les con-
clusions de paix qui en sont la suite.*

De Paris en un mois nos conscrits sont à Vienne ;
Il faut bien que la paix avant trois mois nous vienne :

Ils firent à la voix du fier Napoléon,
Plus de cent ans de guerre en moins d'une saison.

Quatrième devise. *Hommage religieux du modeste et judicieux empereur de Russie, aux sublimes talens militaires de l'empereur des Français.*

Du grand Napoléon, Alexandre vaincu,
Admirant la valeur, le talent, la vertu,
Le nomme l'envoyé du maître du tonnerre,
Pour commander la paix aux princes de la terre.

~~~~~~~

Vouons, pour couronner la céleste devise,
La paix universelle à l'état, à l'église !

NOTES.

(1) *Davoust*, maréchal de l'Empire, et Friant, général de division, beaux-frères du défunt général Leclerc, qui avoit épousé la sœur cadette de Napoléon, aujourd'hui princesse Borghése. Leclerc, frère propre, adjudant-général, au même grade que Beaupré, son oncle.

Toute cette famille a servi glorieusement dans la révolution, toujours occupée à repousser les ennemis de la France, tant de l'intérieur que du dehors. Elle compte dans son ensemble cinq généraux. Il n'est aucun militaire de cette lignée, qui ne soit décoré du généralat. Elle appartient par alliance, à la dynastie actuelle, dite Bonapartienne.

(2) Toutes ces cinq premières villes jusqu'à Vienne, sont sur le Danube, il en est fait une mention hydrographique et statistique à la sixième note ; je dis seulement ici que Neubourg, jolie et forte ville d'Allemagne, capitale du duché de Neubourg, dans les états de l'électeur palatin, située entre Donavert et Ingolstat au 48me degré 40 minutes, est cette même cité devenue célèbre par la fameuse bataille, (dite de Neubourg) dont les plaines voisines ont vu le 1er juin 1800, succomber au fer fatal d'une lance autrichienne, le brave Latour-d'Auvergne dont j'ai eu occasion de vanter l'héroïsme militaire et chrétien à la neuvième note de l'ouvrage, page 194, et ailleurs encore page 296, il étoit le dernier rejetton de la famille du grand Turène. Sur son refus constant de jamais accepter le grade de général, Napoléon lui avoit donné le titre honorable de premier grenadier de France, il le méritoit par sa bravoure, il le méritoit encore par ses longs services : âgé de 57 ans, il avoit (en termes militaires) 42 ans de gre-

nade. Près de sa pyramide, haute de quarante à cinquante pieds, érigée entre Neubourg et Donavert toujours existante, et dont tous les Allemands sont les gardiens aussi respectueux que fidèles, près de cette pyramide dis-je, il semble que nos jeunes conscrits aient juré dans cette dernière guerre, d'être tous autant de Latour-d'Auvergne, par les exploits rapides et incroyables dont ils ont étonné l'Univers.

La ville de Brinn, capitale de la Moravie, depuis qu'Olmutz qui en est à onze lieues au-delà, a perdu cette prééminence, est à vingt lieues de Vienne ; c'est entre Brinn et Olmutz, plus près d'Olmutz et dans ses plaines, qu'est situé le village d'Austerlitz, composé de cent cinquante familles, devenu pour toujours célèbre par la bataille donnée aux ordres et en présence de trois empereurs. Dans son enceinte et autour de ses haies ensanglantées, tous les rameaux verdoyans seront jusqu'à la fin des siècles ; convertis en autant de branches de lauriers, devenues dès l'instant de leur croissance, la propriété glorieuse des guerriers de notre Empire.

Entre Brinn et Austerlitz, on remarque le bourg de Kaunitz dans le cercle de Znaïm, où est inhumé le fameux Kaunitz, seigneur de cette terre, ancien premier ministre de l'empire d'Autriche pendant cinquante ans, sans cesse occupé dans sa politique profondément astucieuse à rendre la France victime de ses plans désastreux, (à l'exemple de tous ceux qui l'avoient précédé dans ce sublime emploi depuis plusieurs siècles, et comme tous ceux qui l'ont succédé jusqu'à ce jour.)

Nos évolutions guerrières s'étant étendues jusqu'à la commune de Kaunitz dans la fameuse bataille triplement impériale, nos braves vainqueurs dans leur courageuse franchise, ont écrit *en lettres de foudre* sur la tombe de cet ancien d'âge du machiavelisme, ces paroles éternellement loyales : *Terme à la perfid e.*

Napoléon fut assez fort pour être franc, loyal et droit dans sa diplomatie. Bientôt sa droiture sera la vertu familière de tous les potentats d'Europe, qui, vainqueurs ou vaincus, seront sans orgueil comme sans humiliation, tous des amis sincères. Les querelles passagères ayant servi de leçon de sagesse et resserré les nœuds de l'amitié, ils s'appliqueront à voir par eux-mêmes à l'exemple de l'Empereur des Français, les intérêts des nations. Leurs ministres ne pouvant plus à l'avenir se retirer dans les ténèbres pour y préparer leurs torches, les feux de la guerre ne se rallumeront jamais ; et tous les états de l'Europe étant par la candeur, rapprochés du gouvernement patriarchal, l'on verra gravées en lettres d'or, sur tous les palais des rois, ces paroles consolantes pour les peuples : *règ e de la lo, au.é, Machiavel anéanti, bonheur aux humains.*

Qu'il nous sera beau d'apprendre un jour, que tous les princes, devenus savans dans la diplomatie bonapartienne, puissent avec franchise, sans rougir et sans rien craindre, présenter aux divers ambassadeurs, les originaux de leur correspondance politique avec toutes les cours, comme fit Napoléon avant la dernière guerre envers l'ambassadeur d'Allemagne ! anssi cette guerre terrible étoit-elle incontinent évitée, si ce ministre avide avoit su se roidir contre le penchant de l'or ; ou plutôt, si cette conduite franche de Napoléon étoit alors parvenue sous les yeux du maître, le bon prince François II.

(3) Après deux mois de bivouac, de courses noctures et de constantes veilles, sans presque jamais se débotter, Napoléon était encore dans une chaumière, quand il reçut la visite de l'empereur d'Allemagne.

(4) Le général Friant, animé de la même bravoure que les autres généraux de sa famille, son oncle et ses frères, eut seulement sur eux l'avantageuse occasion de la signaler d'une manière plus saillante, ayant eu, dans la seule bataille d'Austerlitz, comme il est rapporté au 32me bulletin de l'armée, quatre chevaux tués sous lui, sans que rien ne put l'empêcher de monter rapidement le cinquième, où la victoire, en s'empressant de ceindre de ses lauriers un front si audacieux, couronna son courage étonnamment intrépide.

Son oncle à qui je dédie cette épître, avoit malgré ses blessures, le 12 juillet 1789, par ses courses forcées et continuelles du matin au soir, crevé trois chevaux sous lui. Il étoit juste d'établir ici un si singulier et si glorieux parallèle entre l'oncle et le neveu. Cet oncle par sa bravoure unique à combattre les ennemis de l'intérieur, avoit, ce semble, dès-lors allumé dans le cœur de tous ceux de sa famille, ces flammes brûlantes qui devoient dévorer l'ennemi du dehors, dès que la guerre fut déclarée en avril 1792. Ces beaux feux ne firent que s'accroître pendant seize ans, depuis le 12 de juillet 1789, jusqu'au 12 frimaire 1805.

Napoléon vient de reconnoître l'intrépidité du valeureux Friant, en le décorant du grand cordon de la légion d'honneur dans sa promotion du 29 décembre 1805.

(5) Cette faction dévastatrice, lors du l'incendie des barrières, tendoit à renverser le gouvernement, et à rétablir le trône affoibli ou plutôt usé des Bourbons. On sait que, sous le malin prétexte de faire cesser les pillages (qu'on avoit excités

à dessein) une armée de 40 à 50,000 hommes, cantonnée dans les environs, devoit entrer dans Paris et dissoudre l'assemblée nationale. Cet homme, d'une grande énergie, n'ayant jamais pour but dans toutes ses vues, que le bonheur de l'humanité, voyant le danger imminent, se créa lui-même commandant de la ville de Paris; fit mettre sous les armes, en moins de douze heures, plus de cent mille parisiens qu'il électrisa de ses feux : il dissipa les rebelles à la tête de ses braves, il attaqua avec audace et mit en fuite Royal - Allemand. Empêcha la troupe de ligne d'entrer dans la capitale, maintint l'assemblée, la sauva d'un massacre universel prochain, et fit garder Paris par ses propres habitans. J'ai déjà dit qne cet homme extraordinaire avoit fait périr trois chevaux sous lui, dans cette incomparable journée, en volant sans cesse d'une extrémité à l'autre de cette ville immense. C'est à ce mémorable coup de vigueur que commence la chaine des événemens qui amenèrent l'empire de Napoléon et la quatrième dynastie française.

Ce citoyen, enthousiaste français, toujours prêt à s'immoler pour sa patrie, aussi digne de combattre l'ennemi de l'intérieur, que les généraux de sa famille celui du dehors, existe toujours, âgé de 62 ans, après avoir échappé, depuis cette époque célèbre du 12 juillet 1789, à une infinité d'autres catastrophes qui menacèrent fréquemment ses jours, que le ciel semble avoir protégés d'une manière toute spéciale, dans les chocs intérieurs, comme ceux des guerriers de sa race dans les combats.

Oui, sans doute, il faut qu'il ait été singulièrement protégé du ciel. pour avoir, sans succomber, souffert pendant la révolution, et toujours pour faits révolutionnaires, soixante-deux emprisonnemens, deux décrets de déportation et sept procès criminels, dont deux furent à mort, par faux témoins. A cette multitude effrayante de dangers, j'oubliois de joindre le poignard et le poison qu'on employa souvent pour se défaire d'un chef si redoutable, moins par l'exaltation de ses idées, que par la droiture inflexible de ses intentions toujours guidées par le bonheur de ses semblables. Né pour les choses peu communes, son génie actif et vaste se rassasie actuellement d'extases à la vue de nos prodigieuses victoires et de la bravoure inouïe, comme des sentimens magnanimes de l'invincible héros que la grande nation s'est choisi pour prince. Il s'applaudit que son courage supérieur à tous les périls, ait dès l'origine de la révolution, disposé les événemens au sublime degré de gloire et d'admiration où ils sont aujourd'hui parvenus aux yeux de l'Univers entier. Sa vie sous la plume d'un historien impartial et véridique, tiendra le rang suprême parmi celles des grands hommes, qu'un amour héroïque envers leur patrie a hautement illustrés.

~~~~~~

SIXIÈME NOTE.

La ville de Pontoise, à sept lieues de Paris, est située agréablement en amphithéâtre sur une monticule, d'où elle domine sur une plaine charmante et fertile, émaillée de nombreux châteaux. Cette cité, déjà célebre par trois divers exils du parlement de Paris, le devient bien davantage par une famille de tant de braves généraux qu'elle a vu naître dans ses murs, tous alliés du héros Napoléon. Pontoise est baignée par la rivière de l'Oise, qui dans son voisinage se jette dans le fleuve de la Seine.

Un troisième genre de célébrité convient à cette ville, déjà si noblement illustrée par tant de vaillans capitaines alliés du trône impérial : je me fais gloire d'en émettre le projet, que ma reconnoissance envers les valeureux protecteurs de ma patrie m'a dicté, par le plus ardent comme le plus juste enthousiasme. Je propose au chef glorieux de l'empire français, d'établir pour sa bonne ville de Paris, par un vaste bassin creusé en demi-lune devant la majestueuse entrée amphithéâtrale de la ville de Pontoise, un entrepôt de commerce de deux mers, c'est-à-dire, de la Manche par la Seine, et de la mer du Nord par la rivière d'Oise. Quel bel ensemble pour cette ville, associée, pour ainsi dire, à la dynastie Bonapartienne, par les braves guerriers auxquels elle a donné naissance ! quel bel ensemble, dis-je, de voir comme réunies aux pieds de ses murs, le Hâvre, Roterdam et Paris; plus encore, Stockolm et Copenhague avec tout le nord de la Germanie ! ce port, par le coup-d'œil magnifique d'amphithéâtre que présente la ville, offriroit aux yeux des admirateurs, parisiens et autres, la superbe vue de Constantinople, avec les richesses du nord, au lieu de celles du levant. Si cette capitale de l'empire Ottoman acquiert tant de majesté, par sa brillante position sur deux mers, Pontoise n'a-t-elle pas à s'applaudir

2

de la même faveur, puisqu'elle a dans ses flancs aussi deux mers, par les deux rivières qui en amènent les richesses.

Du milieu de ce bassin demi-circulaire, sortiroit en ligne droite sur la ville de Saint-Denis un canal de cinq lieues, en abrégeant quinze lieues de navigation de la Seine. Quel aspect digne de ces glorieux combattans, de voir en perspective, du sommet de leur cité montueuse au-dessus d'une nappe limpide et de mille vaisseaux voguant, la superbe tour de Saint-Denis et le lieu préparé à la sépulture du vainqueur de l'Univers!

Bientôt l'Escaut doit aboutir à la rivière d'Oise, par un canal dont le commencement est à Valenciennes, où ce fleuve devient navigable: il passe de Valenciennes par Bouchain, par Cambrai, entre sous terre au village de Vauduille près le Cattelet, continue sa marche souterraine l'espace de trois lieues, et doit sortir près de Saint-Quentin, et de là, parvenir à ciel découvert, jusqu'à la ville de la Fère, où la rivière d'Oise commence à supporter la navigation; l'Escaut au-dessous de son canal se jette dans l'Océan septentrional près de Roterdam, après avoir baigné les villes de Valenciennes, de Condé, de Mortagne, d'Antoin, de Tournai, d'Oudenarde, de Gand et d'Anvers. C'est par ce vaste trajet, qu'elle doit amener à Paris, toutes les riches productions de la Flandre avec toutes celles des royaumes du nord, Suède, Danemarck, etc. qui confinent au golfe de Finlande et à la mer Baltique. Déjà pendant la dernière guerre d'Amérique, les bois de construction et les mâtures venant de Suède, flottoient par vingtaines de corps d'arbres de sapins enchaînés, et parvenoient à Cambrai par le canal susdit, lorsque j'étois curé dans cette ville.

Joseph II, empereur d'Allemagne, ayant eu la curiosité pendant son voyage en France, de descendre dans la partie souterraine de ce canal, s'écria dans son extase: *Je suis glorieux d'être homme, quand je vois un travail d'une telle hardiesse.*

Napoléon le Grand, premier empereur des français,

plus grand que ce prince ami des arts, après avoir
pris sur les lieux, inspection de cette entreprise,
abandonnée depuis vingt ans, ordonna de la poursuivre
jusqu'à sa sortie de terre, l'abrégeant néanmoins dit-
on de moitié, et la réduisant à une lieue et demie en
deux parties pour cause de salubrité, d'après avis des
médecins. Du voisinage de Saint-Quentin, on doit le
continuer à ciel découvert jusqu'au point où la rivière
d'Oise présente une colonne d'eau suffisante aux mari-
niers, c'est-à-dire, jusqu'à la Fère, petite ville de
Picardie dans la Thierache, où il y a un moulin à
poudre et une école d'artillerie.

Déjà j'étois admis aux fonctions du saint ministère,
lorsque j'eus les premières conversations sur ce canal
souterrain, avec le fameux mécanicien M. Laurent,
qui en étoit l'entrepreneur et le directeur.

Il faudra que le bassin de Pontoise servant d'entrepôt, soit d'une vaste enceinte, car à toutes les productions que l'Escaut doit y conduire en dépôt, il faudra aussi joindre celles des départemens réunis par la
Meuse, et d'une moitié de la Belgique et du Hainaut
par la Sambre, qui est navigable depuis Landrecies,
passe par Maubeuge et Charleroi, pour se perdre dans
la Meuse à Namur.

De Landrecies, on peut, par un canal de six lieues
environ, joindre la Sambre à l'Escaut. Le plan en
avoit déjà été crayonné, le terrein jalonné et les terres
levées à la surface, il y a plus de trente ans sous mes
yeux, par mon frère, alors arpenteur royal des eaux-
et-forêts du Hainaut, du Cambrésis et de Flandres ;
souvent je l'accompagnois dans ses opérations plani-
métriques.

Le plan de jonction de la Sambre à l'Oise, qui devoit être de 33,466 toises à ciel ouvert, de Landrecies
à la Fère, laissant Guise à gauche et Saint-Quentin à
droite, a été mis en exécution pendant dix-huit mois
d'après un décret de la convention nationale du 1er
brumaire an 3. Les travaux en ont été prolongés à une
lieue et demie, sous la conduite de M. Gileron : ce plan
est actuellement abandonné. Le premier (de la Sambre

à l'Escaut) se trouve tracé sur la carte générale des
canaux qui doivent , pour ainsi dire, découper toute
la France, et la rendre comparable à nos belles prairies de Cambrai, de Valenciennes et de Saint-Quentin,
autrement appelées *blanchisseries*, où l'on blanchit
nos batistes et nos linons , par la multiplicité de rigoles
d'où les arrosemens parviennent avec facilité sur toutes
ces toiles nouvellement manufacturées , et leur donnent
un degré de blancheur éblouissante, comme nos nombreux canaux donneront au commerce de la France,
l'aspect le plus brillant , source féconde de la prospérité publique dans un Etat civilisé en laissant plus de
bras et des chevaux à l'agriculture , en ménageant les
grandes routes et faisant circuler dans tout un empire,
toute espèce de productions avec la plus grande facilité
comme avec le moins de secousses possibles.

Le nivellement des canaux multipliés de France , en
l'assimilant à l'opulente Chine, doit nécessairement amener avec l'égalité des poids et des mesures, l'égalité du
prix des denrées dans tout l'empire français , et nourrir
agréablement l'égalité fraternelle parmi la grande nation , en bannissant de son sein, l'humiliante et honteuse
mendicité souvent immorale.

J'avois oublié de dire que les canaux , en laissant
plus de chevaux à l'agriculture et à nos armées , faci-
literont le dessèchement des innombrables marais , où
l'on fera croître le chanvre qui fournira des cordages
à l'imposante marine dont Napoléon se propose d'illustrer son règne, sans qu'il soit besoin à l'avenir de tirer
cette production de l'étranger , soit de la Suède ou des
autres contrées du nord. Un dernier avantage des canaux , est d'empêcher les débordemens des rivières
qu'ils avoisinent , et de prévenir le dégat des champs
semés de blé, toujours fort fertiles le long des rives des
fleuves.

La carte qui verse dans la navigation générale de la
France, les eaux de plus de quatre mille rivières, atteint
son but avec autant de facilité , de simplicité , que
d'économie. Elle partage l'empire en six sections na-
vales , aux chefs-lieux desquelles aboutissent les six

fleuves qui reçoivent les courans d'eau pour les porter
dans les mers : 1.° à Valenciennes , l'Escaut ; 2.° à
Metz, la Meuse par la Moselle ; 3.° à Paris, la Seine ;
4.° à Lyon , le Rhône ; 5.° à Orléans , la Loire ; 6.° à
Toulouse , la Garonne. Cette carte , riante à l'œil ,
peut servir d'ornement partout, en même tems qu'elle
satisfait agréablement la curiosité d'un français ami de
la prospérité de sa patrie. Elle ne se vend que chez
l'estimable-infatigable auteur M. *Brulée* , ingénieur ,
rue du Paon , hôtel de Tours , à Paris. Sa dimension
est de deux pieds de haut , sur trois de large , papier
fort ; le prix modique en est consacré au soulagement
des pauvres malades.

A cette inestimable utilité des canaux , le Grand
Napoléon joint une fermeté inébranlable à se refuser
à toute espèce de traité de commerce avec l'Angleterre , dans l'intention d'affoiblir les manufactures de
la Grande - Bretagne et d'enrichir celles de France.
Cette louable fermeté est tellement fatale au gouvernement anglais , que la guerre actuelle n'a par lui été
suscitée que pour cela ; mais il vaut mieux pour nous ,
soutenir quelques années de guerre , que de souscrire
à une perte interminable de notre commerce , et à une
ruine éternelle de nos ateliers , et par suite , à une
misère qui n'auroit pour perspective que les déchiremens du désespoir.

Le canal de la Sambre à l'Escaut , doit sortir de
Landrecies , traverser la vaste et superbe forêt de Mos-
mal (près laquelle je suis né , et qui selon le plan dressé
jadis par mon frère , contient vingt mille arpens), passer
près du Quesnoi et se joindre au canal de l'Escaut à la
commune de Thiant , près Denain , où le maréchal
Villars en 1712 remporta la fameuse victoire. La navigation dédommagera donc un jour ces trois villes de
Landrecies , du Quesnoi et de Valenciennes , des siéges
ruineux et désastreux qu'elles ont soufferts en 1793
par la première coalition par suite de la trahison de
Dumouriez que Cambrai regrette d'avoir vu naître dans
ses murs. Ces trois cités verront circuler dans leur sein,
en échange des leurs , toutes les marchandises qui vien-

dront de Maubeuge, de Charleroi, de Namur, de
Hui, de Liége, de Mastrict, de Ruremonde, de
Venlo, de Grave, de Roterdam et de tous les pays
qui environnent ces villes diverses qu'arrosent les riches
eaux de la Sambre et de la Meuse. J'ai donné plus
haut le détail des villes où passe l'Escaut, d'où ces trois
mêmes villes ruinées par la guerre, recevront aussi les
mêmes faveurs de commerce.

Cet espoir de félicité publique par l'ouverture des
canaux n'avoit pas échappé au philantrope M. Clarck
ancien major au régiment de Walch irlandais, retiré
à Landrecies, père du célèbre Clarck, ex-embassadeur
actuellement secrétaire intime de sa majesté l'empereur
et gouverneur-général de l'Autriche, il avoit même
en faveur de la ville de Landrecies dont il étoit le citoyen
bienfaisant, fait rédiger ce plan de Sambre à l'Oise,
ou de la Sambre à l'Escaut, il y a un demi siécle, par
M. Salengros, architecte à Maubeuge, père de M. Salengros, ex-député, messager-d'état, hérault-d'armes
de l'empereur Napoléon : c'est alors que j'ai eu l'heureuse occasion de voir à Landrecies, M. Clarck père,
tandis que je faisois mes premières études à la ville du
Quesnoi, avec quelques condisciples irlandais, amis
ou parens de la famille noble de M. Clarck, qui avoit
jadis en France, suivi l'infortuné roi Jacques.

Si, ce qu'on ne présume pas, sous le génie français,
le canal souterrain de l'Escaut devenoit impossible dans
son entière exécution, on cessoit, par la suite, d'être
praticable, soit pour un tems, soit pour toujours ;
l'entrepôt de Pontoise n'en souffriroit aucunement dans
aucun cas ; les deux bouches de la mer de Hollande,
tant par la Meuse que par l'Escaut, fourniroient toujours à Paris la même mesure de prospérités commer-
ciales. Au plus fâcheux de tous les événemens, le
canal de Valenciennes verseroit à Landrecies par la
Sambre, ses cargaisons, qui de Landrecies, par le
canal de 33,466 toises à plein air, passant à droite de
Guise et à gauche de Saint-Quentin, jusqu'à la Fère,
tomberoit dans l'Oise, et laisseroit aux deux villes
voisines de son lit, qui s'extasieroient de ses brillantes

rives , les traces fortunées de ses richesses. Ainsi , jamais le plan de M. Clarck , ne sera sans effet , sous
les yeux surtout d'un fils qui , héritier de ses talens et de
ses vertus , est devenu le secrétaire intime de Napoléon
le Grand.

Ce canal est tellement utile au gouvernement français , que d'après les plans et calculs faits par M. La-
fite , général de génie , et les discours qui ont été pro-
noncés à ce sujet à la tribune de la convention par
M. Maradon , député , l'état seul profiteroit annuellement plus de 500,000 francs , tant par les transports
des armes de la manufacture de Maubeuge , que pour
d'autres objets de première nécessité ou d'utilité publique , et rembourseroit en moins de dix ans , le capital
de la dépense de construction qui n'est que de quatre
à cinq millions.

Il est juste et convenable , tant à la grande nation ,
qu'à son auguste chef , suprême en valeur et en génie ,
comme en autorité , de donner la préférence à celle
des deux entreprises qui en présentant de plus grands
efforts , prépare aussi aux races futures plus de merveilles et d'admiration. Qui sait d'ailleurs , si Napoléon
n'ordonnera pas la continuité du plan à plein air , sitôt
après que le canal souterrain de l'Escaut sera parfaitement achevé! soit enfin , que l'Escaut fournisse à la
Sambre , de Valenciennes à Landrecies ; soit que la
Sambre fournisse à l'Escaut , de Landrecies à Valenciennes ; Paris n'y perdra rien, et l'entrepôt de Pontoise
n'en sera ni plus ni moins rempli , pour l'approvisionnement constamment certain de cette valeureuse capitale , qui comme centrale , comme foyer des grands
mouvemens a , par son incroyable énergie , plus con-
tribué elle seule , que tout le reste de la France , à
mettre le diadême impérial sur le front du plus grand
des héros du globe et de tous les siècles.

Si quelques lecteurs peu réfléchis me reprochent
d'ajouter à un ouvrage qui a pour titre , *Réunion des
Cultes* , un traité de navigation et de commerce ; je les
prie de ne pas oublier , que j'ai envisagé la réunion des
cultes sous le rapport du bon ordre , du bonheur des

empires et de la félicité des humains. La paix civile et la paix religieuse font fleurir le commerce et les arts qui leur servent à leur tour d'ornement, de satisfaction et d'aliment : c'est pourquoi, dans l'heureuse conjoncture où Napoléon donne la paix à l'Europe, je m'empresse en bon français et en bon chrétien, de m'occuper de la prospérité de ma patrie devenue tranquille et paisible. Cet objet certainement louable à tous égards, sans avoir rien de contraire à la religion, s'allie avec édification aux vues essentiellement bienfaisantes d'un ministre des autels.

J'ose même ajouter, que par ce supplément à mon ouvrage, j'accomplis abondamment le point le plus essentiel de la religion ; car Saint-Jacques, dit au chapitre premier de son épitre catholique, c'est-à-dire adressée à tous les chrétiens de l'Univers, (au peuple de la ville de Paris qui existoit alors depuis trois siècles, comme au peuple de Rome) *que la religion et la piété pure et sans tache aux yeux de Dieu notre père, consiste à visiter les orphelins et les veuves dans leur affliction, et à se conserver pur de la corruption du siècle.* Mes vues générales de secourir tous les malheureux de l'empire français, par une facile communication des subsistances et un décroissement considérable dans leur prix, sont éminemment conformes au texte cité de l'apôtre de la commisération.

J'exhorte particulièrement les prêtres français, (que des supérieurs peu chrétiens, ennemis du concordat et de la paix publique, repousseroient des fonctions du saint ministère, par un reste de coupable esprit de parti) de faire dans une silencieuse patience, un constant et méritoire usage de ces touchantes paroles du philantrope apôtre, proche parent de l'homme dieu notre législateur.

De ma part, je me crois autant estimable en cette partie, que dans le zèle ardent et charitable que j'ai employé, par mes prédications de trois ans dans l'étendue de quatre départemens, à prévenir l'effusion du sang humain et une guerre de religion dont ils étoient

visiblement menacés. Voyez page 270, à la note dou‑
zième.

Eu cousacrant trois années de tranquillité et de vie,
à empêcher que les fleuves du nord soient teints ou
comblés du sang de mes frères égorgés, ainsi que le
furent si horriblement ceux de l'ouest, j'ai accompli
les désirs les plus sanctifians de l'évangile ; seroit‑ce
donc aujourd'hui violer les maximes de ce livre sacré,
en portant mes soins pressans, à faire couler dans ces
mêmes fleuves et dans tous ceux de notre empire, le
miel et le lait ?

Je veux encore, pour la gloire de nos Guerriers,
porter beaucoup plus loin, ces vœux de prospé‑
rité nationale. Nos victoires récentes et signalées
eu Germanie, vont par le beau présent de la Paix,
nous donner pour amis tous les Princes de ce riche
Continent. Une si flatteuse idée ne pouvoit manquer
de m'engager à proposer pour la navigation du Rhin,
un antre projet très‑avantageux de commerce sur les
trois divers points de contactes réciproques de l'Alle‑
magne avec la France, le nord, le midi et le centre.
Un canal au nord sur Cologne ; un autre au midi
sur Bregentz, au‑dessus du Lac de Constance ; un
troisième enfin au centre sur Strasbourg, remplissent
parfaitement mon objet et contentent par avance, l'esprit
de tous les hommes qui sont amis du bonheur de leurs
semblables,

Le premier de ces trois Canaux commenceroit à
la ville de Liège, avec les eaux de la Meuse, conti‑
nueroit par Aix‑la‑Chapelle, et se jetteroit dans le
Rhin à Cologne ; et par un trajet de la même longueur
que celui de Valenciennes à la Fère par Cambrai, il
lieroit le nord de l'Allemagne, (la Westphalie, les
deux Saxes, la Hesse, la Vettéranie, les Etats de
Brunswick, le Hanovre, le Brandebourg et la Prusse),
au nord de la France, c'est‑à‑dire, à nos quatre dé‑
partemens réunis, par la jonction du Rhin à la Meuse
au même degré de latitude. Cette belle région septen‑
trionale de la Germanie, feroit ainsi parvenir ses pro‑
ductions à l'entrepôt de Pontoise, par la Meuse, la

Sambre, l'Escaut, le canal souterrain et l'Oise, et en
les versant ensuite dans le sein de Paris par la Seine,
garantiroit en tout tems et à toutes circonstances, les
approvisionnemens de cette immense capitale, maî-
tresse et amie de l'Univers.

Le second canal joindroit par le Rhin, mais par le
Rhône, l'autre extrémité de la France avec aussi l'autre extrémité de l'Allemagne, c'est-à-dire les provinces
méridionales de l'Allemagne, le Tyrol, la Carinthie,
le Frioul, la Styrie, la Carniole, l'esclavonie, la Croatie, l'Istrie, la Bosnie et l'extrémité orientale de l'ancienne Grèce, avec nos provinces méridionales de
France, le Bugey, la Bresse, le Lyonnais, le Dau-
phiné, la Provence et le Languedoc. Le midi de l'Allemagne ne sera pas plus étonné dans sa navigation,
de voir le fameux canal du Languedoc pratiqué sous
Louis le Grand et par ses ordres, canal, qui percé
au port de la ville de Cette, sur la Méditerranée, entre Montpélier et Agde, à la droite de Marseille et
des Bouches-du-Rhône, après quarante-cinq lieues
de cours, se perd dans la Garonne au-dessous de Toulouse, pour ensuite tomber dans l'Océan avec ce fleuve
à vingt lieues au-dessous de Bordeaux ; les germains,
dis-je, ne seront pas plus étonnés en voyant le canal
du Languedoc qui, commencé en 1666, achevé en 1681,
joint depuis lors, la Méditerranée avec la grande mer,
qu'ils ne le seront bientôt, en voyant le canal souterrain
de l'Escaut. Ils auront sans doute, à l'aspect de son
embouchure sous le village de Vanduille, la même
sensation de frémissement que j'ai ressentie, il y a
trente ans, lorsque je vis son énorme et majestueux
talus, de soixante-dix à quatre-vingt pieds de haut,
entourer de toutes parts sa voûte béante et sombre, suf-
fi-amment large pour y laisser passer deux bateaux de
front, avec deux banquettes en forme de trottoirs,
l'une à droite, l'autre à gauche du lit de la navigation. Tout ce creu du canal étant alors déjà couvert
d'eau, je ne pus m'y promener que sur les deux parap-ts.
La masse de terre supérieure qui pèse sur cette
audacieuse voûte, paroît comme soutenue par une

main toute puissante , et le tout ensemble se fait plutôt croire l'ouvrage d'une puissance du Ciel, que l'effort
ingénieux des humains. Des puits sont de distance en
distance percés perpendiculairement sur la voûte, pour
éclairer les navigateurs ; ils produisent l'effet de nos
Panorama de Paris, ou de l'amphithéâtre du jardin
des Plantes, qui ne reçoivent de jour et de lumière
que par leur sommité verticale vitrée. L'ordre extérieur de ces puits désigne au-dehors aux yeux du laboureur et des aoutrons, la direction du canal.

Les productions du midi de la Germanie parvenues
en France par le canal qui se joindroit au Rhône, cir-
culeroient dans le midi de la France, et pourroient
voguer sur la Méditerranée ou sur l'Océan par le canal
du Languedoc, sans préjudice à une majeure partie,
qui seroit versée à l'entrepôt de Pontoise, par les
canaux de l'intérieur et notamment par celui de Briare
fini en 1642. Ce canal commence à Briare petite ville
sur la Loire dans le Gatinais, à quatorze lieues d'Orléans, et après treize lieues de cours il tombe à Mon-
targis dans la rivière de Loin, et ensuite dans le fleuve
de la Seine, entre Melun et Montereau, à douze lieues
de la capitale.

On sait que la Loire qui a sa source dans le Viva-
rais, passe dans le Forez, dans le Bourbonnais, le
Nivernais, le Berry, l'Anjou, la Bretagne, et se
perd dans l'Océan vers Nantes, après avoir traversé
toute la France ; on sait encore que c'est à Rouanne
dans le Bas-Forez, que l'on charge toutes les marchandises qui proviennent de Lyon, du Languedoc, de la
Provence et du levant, et qu'elles descendent à Paris,
par le canal de Briare susdit. Rouanne qui n'étoit qu'un
village au commencement du siècle passé, est aujour-
d'hui une ville fort peuplée, fort commerçante à cause
de son port qui sert à tous les chargemens du midi de
la France. On peut augurer de là, du degré d'accroissement subit et du futur état florissant de la ville de
Pontoise, par l'entrepôt de commerce que je lui des-
tine au voisinage de Paris, à la gloire de nos invincibles généraux, qui y ont leur honorable famille, illus-

… trée par leur alliance avec la famille impériale.

Mon troisième canal, celui du centre, de Nancy à Strasbourg sur le Rhin, est beaucoup plus intéressant encore que les deux premiers (du nord et du midi) par le commerce immense qu'il attireroit sur Paris, de tout le centre de l'Allemagne et de tout le nord de l'Asie, en joignant par le Danube, à nos provinces centrales de France, l'Alsace, la Lorraine, la Champagne et l'Ile-de-France, toutes les provinces centrales de l'Allemagne.

La géographie ou plutôt l'hydrographie, nous apprend, que le Danube prend sa source au-dessous du lac de Constance, au voisinage de Fribourg en Suisse, dans la Forêt-Noire, il traverse toute la Souabe, la Bavière, l'Autriche, la Hongrie, la Servie, la Bulgarie et la Valache; et après avoir cottoyé la Moldavie et la Bessarabie, se perd dans la mer Noire. Ce fleuve, le plus grand de l'Europe, sur 450 lieues de son cours, compte quarante-quatre villes, bâties sur ses bords, trois en Souabe, sept en Bavière, six en Autriche, quatorze en Hongrie, une sur la frontière de l'Esclavonie, cinq dans la Servie, cinq dans la Bulgarie, trois dans la Valachie, dont une, sur la frontière de la Moldavie, une dernière près l'embouchure, sur la frontière de la Bessarabie.

Le Danube, sur un cours de 450 lieues, reçoit dans son lit, près de 450 rivières; il est semé d'îles, depuis Vienne jusqu'à la mer Noire. Je ne puis dans le détail que je vais faire de ces rivières, les décrire aussi rapidement que nos victorieux guerriers les ont parcourues.

Celles principales qui tombent dans le Danube à sa droite, sont: 1.° l'*Iller*, qui a sa source au-dessous du lac de Constance, traverse tout le pays d'Algow, qui fait une partie considérable de la Souabe, passe par Kempten, Memingen, et se jette dans le Danube à Ulm, où ce fleuve commence à être navigable; 2.° le *Lech*, dont la source est au pays de Grisons, passe par Fuessen près d'Ausbourg; et après avoir arrosé les frontières de la Souabe et de la Bavière, se décharge dans le Danube près de Neubourg, capitale du duché de

même nom , près de Donavert et d'Ingolstat. Il fait
par le nouveau traité de paix , du 26 décembre 1805 ,
la séparation du nouveau royaume de Bavière avec la
Souabe ; 3.º l'*Iser* qui prend sa source aux confins du
Tyrol et de la Bavière , après avoir arrosé Munich ,
capitale de la Bavière. et Landshut ville de la basse Bavière , se jette dans le Danube entre Straubing et Passau.
4.º l'*Inn* qui jaillit au pied de la montagne de Septimer-
berg au pays des Grisons, en séparant les Etats d'Autriche et de Bavière, fait aussi à son entrée dans le Danube
la séparation entre Passau et Ilstadt , villes de la
basse Bavière , après avoir bien plus haut , passé par
les villes d'Inspruck capitale du Tyrol et de Kufstein ,
et reçoit dans son sein pour les verser dans le Danube,
46 rivières ; 5.º le *Traen* qui vient du cercle de Bavière , tombe dans le Danube à *Lintz* , belle ville de
la Haute-Autriche. L'*Ens* provenant des montagnes de
Saltsbourg , y tombe à *Ens* , ville aussi de la Haute-
Autriche , de même Ips se réunit au Danube à Ips ;
6.º la petite rivière de *Wien* , n'a d'autre mérite , que
d'avoir donné le nom de *Vienne* à la capitale de l'Autriche ; 7.º Le *Raab* tombe dans le Danube, dix lieues
au-dessous de Presbourg , capitale de Hongrie ; 8.º la
Drave qui prend sa source dans la Bavière, tombe dans
le Danube à *Essek* , ville de l'Esclavonie hongroise ;
la *Save* prend sa source dans la Haute-Carniole, aux
frontières de la Carinthie , traverse la Croatie , et se
jette dans le Danube à Belgrade capitale de la Servie ;
10.º la *Morava* de Turquie , a sa source dans la Bulgarie , tombe dans le Danube à Passarowitz, ville de
Servie , à treize lieues au-dessous de Belgrade ; de là ,
jusqu'à la mer Noire , la rive droite du Danube ne
s'ouvre plus pour aucune importante rivière. Toutes
ces grandes colonnes d'eau rapide jusqu'en Hongrie ,
ont été franchies par nos armées , et les rappeller ici ,
c'est en faire la glorieuse histoire.

La rive gauche du Danube ne reçoit point de rivière
considérable dans la Souabe ; il y en a deux dans la
Bavière, le *Nab* et le *Regen* , qui rejoignent le Danube
à Ratisbonne. Il en est une de grande importance qui

dans l'Autriche se rejoint à la rive gauche du Danube ;
c'est la Morave qui prend sa source aux monts Krapachs, traverse la Moravie à laquelle elle donne son
nom, baigne Olmutz et se jette dans le Danube à la
ville d'Haimbourg, à neuf lieues de Vienne et quatre
de Presbourg. Cette rivière vient d'acquérir une haute
célébrité, pour avoir servi comme de rempart à la fameuse et décisive bataille d'Austerlitz ou des *Trois
Empereurs*. La rivière de l'*Iller* étoit devenue auparavant presqu'aussi célèbre à la rive droite, dans la
Souabe par la prise d'*Ulm*, dont elle arrose les murs,
en se jettant dans le Danube.

Le poids des eaux qui jaillissent dans ces contrées
à peu de distance du fleuve, se porte à gauche vers
la mer. Néanmoins, avec peu de dépense, on pourroit
pratiquer des canaux qui du Danube, communique-
roient avec les quatre autres grands fleuves, (le Weser,
l'Elbe, l'Oder et la Vistule), qui portent toutes les eaux
du nord de l'Allemagne dans la mer; 1.º de la ville d'Ulm,
le Danube se jetteroit dans le *Weser*, par la Franconie,
la Hesse, la Westphalie et le Hanovre, au-dessous de
Brême capitale du duché ou de la république de Brême,
dans la mer d'Allemagne; 2º de Ratisbonne ou de Passau,
un canal qui communiqueroit du Danube à la rivière
de *Mulde*, qui se jette dans l'*Elbe* à Prague, capitale
de la Bohême, et de Prague passant par Dresde, capitale de la Misnie dans la Haute-Saxe, par Wittem-
berg capitale du duché de Saxe, par Magdebourg capitale de la Basse-Saxe ; enfin à Hambourg ou à l'embouchure de l'Elbe, ou de la mer d'Allemagne ; 3.º au
voisinage de Presbourg, capitale de la Hongrie, la Morave tombe dans le Danube, passe à Olmutz, ancienne
capitale de la Moravie ; Olmutz est voisine de la source
de l'Oder qui passe à Breslaw capitale de la Silésie;
communique par un canal avec Berlin, capitale du
Brandebourg; passe à Custrin dans la marche; à Stétin
capitale de la Poméranie ; de là, se jette dans la mer
Baltique; 4.º quoiqu'on puisse à Bude, capitale de la
Basse-Hongrie, former un canal pour joindre le Danube à la Vistule, il vaut mieux, et les frais en sont

faits, communiquer de Presbourg à la Vistule par la
Morave et l'Oder, puisque le roi de Prusse a déjà fait
la communication des deux fleuves pour son commerce
avec Dantzick, où la Vistule se jette dans la mer Baltique, après avoir communiqué à la Silésie et à la
Pologne, les eaux qu'elle a reçues des monts Krapachs.

Voilà donc en trois ouvertures immédiates et directes
faites sur le Danube avec les quatre autres grands
fleuves, le commerce ouvert pour Paris de tous les
vastes pays situés entre le Danube et la mer Baltique
jusqu'à la Russie. Voyons ensuite combien ce commerce doit encore s'aggrandir par le moyen de la mer
Noire, car le Danube qui y entre, en y versant ses
richesses pour tous les fleuves qui y aboutissent, doit
avoir aussi le droit de réciprocité, de charger en retour,
les marchandises que tous ces divers fleuves auront
amenées à cette même mer ; tel que le Pruth et le
Niester qui arrosent la Pologne; et le Bog et le Nieper
qui parcourent la Russie, le dernier dans un cours de
350 lieues. Le Tanaïs, en séparant l'Europe de l'Asie,
tombe aussi dans la mer Noire, d'après un cours de
330 lieues, mais cependant par la mer d'Asof ou le
Palus-Méotide qui en est le golfe, et dont le détroit sépare la Crimée de la Circassie. Ce fleuve qui, en ar-
rosant toute la Russie, reçoit dans son cours plus de
cinq cents rivières, enrichit le commerce du Danube.

Les ressources du Tanaïs, envers nous, sont encore
bien plus grandes, si nous considérons, qu'il peut nous
apporter enfin toutes les richesses de la mer Caspienne ;
car le fameux fleuve du Wolga qui, après avoir entouré dans son cours de mille lieues, toute la Moscovie,
tombe dans cette dernière mer douze lieues au-dessous
d'Astracan, touche presqu'au fleuve Tanaïs, au point
d'intersection du 48.e degré de latitude et le 64 e de
longitude, où les deux fleuves par leur rapprochement
réciproque, semblent supplier la main des hommes de
les réunir, en ouvrant par un canal de vingt lieues environ, l'espace de terre qui les sépare, à cent lieues
au-dessus de la ville d'Astracan, capitale du royaume
du même nom, dans la Moscovie Asiatique.

Il est bien étonnant que la grande Catherine, qui a fait sauter les nombreux rochers du Niéper, pour en rendre le lit entièrement navigable, et qui a su joindre la mer Caspienne avec la mer Baltique, par des canaux de communication entre le Wolga, le lac Ladoga et la Neva; il est bien étonnant, dis-je, que cette même héroïne ait négligé le plan projeté par Pierre le Grand, de réunir la mer Caspienne à la mer Noire, par un canal qui présente au géographe une si grande facilité.

Mais si Catherine est morte sans réaliser une si belle idée, son petit-fils Alexandre Ier, s'empressera sur la demande de Napoléon, de donner à ce beau projet son entière exécution. Voilà comment par le Danube, l'entrepôt de Pontoise va comprendre avec tout le centre et le nord de l'Allemagne, toute la Pologne et tout le nord de la Russie et des Tartaries avec l'ancienne Scythie.

La jonction à faire du Danube au Rhin, d'Ulm à Strasbourg, se présente sous l'aspect le plus flatteur; quand on réfléchit que l'exécution première de ce plan, seroit près d'Ulm, confiée à l'électeur de Bavière, à qui Napoléon vient de donner le sceptre et la couronne. Il se glorifiera de faire en cette partie, tout ce qui peut plaire à l'Empereur des Français son libérateur et tout à-la-fois son créateur. Il aura quelque chose de ces mêmes égards magnanimes, envers les parens alliés de Napoléon, qui ont avec ce héros, partagé les dangers et les victoires. Il faudra seulement observer, que tout ce qui parvient au Rhin par le Mein à Mayence, ou par le Nekre à Manheim, ou par Coblentz à la Moselle, devra prendre par Nancy la même direction du canal du centre dont il reste à tracer le cours par les provinces centrales de la France.

Le nouveau roi de Wurtemberg dont l'Empereur des Français vient d'élever le premier trône, et l'électeur de Bade dont les Etats viennent enfin de se ressentir de la générosité du même héros, ne manqueront point en fidèles et reconnoissans alliés, de suivre, pour ce qui concerne leurs états respectifs, le zèle ardent du roi de Bavière: tous trois d'ailleurs, verront dans cette entreprise, un nouveau degré de richesses pour

eux et leurs peuples. La ville d'Ulm sur-tout, qui depuis un demi-siècle, est beaucoup déchue de son ancienne
splendeur, verra naître avec complaisance, l'occasion
d'en récupérer tout l'éclat.

Si quelques montagnes de l'extrémité de la Forêt-Noire
que ce canal devra traverser, présentent quelques obstacles, ces trois princes aussi zélés que sages, se res-
souviendront que l'Empereur des Français leur protecteur, a dans cette même forêt disposé une marche extraordinaire, dans l'intention de mieux soumettre la
ville d'Ulm ; de même les ingénieurs allemands, aux
ordres de leurs Princes, prendront s'il le faut, des mesures extraordinaires pour se mettre d'accord avec l'art
des combats français. Rien ne fut impossible à Napoléon dans ses audacieuses et savantes entreprises guerrières ; rien non plus ne sera impossible à l'homme de
génie moderne, dans l'exécution d'un si vaste et si
riche projet ; et si Louis XIV, dans le midi, fit entreprendre et finit en quinze ans, un canal de quarante-cinq lieues, malgré qu'il fallut tailler un roc
de 1200 toises ; que ne fera point Napoléon avec les
princes Germains ses alliés vainqueurs ? dix ans, sans
doute, verront surmonter de plus grands obstacles, et
maîtriser plus impérieusement la nature à travers les
marbres de la Forêt-Noire, à l'effet de réunir Paris
avec plus de la moitié de l'ancien monde, et le fami-
liariser avec cinq diverses mers, la Caspienne, la mer
Noire, la mer Glaciale, la Baltique et la mer d'Allemagne.

Quelque soit le cours du canal d'Ulm à Strasbourg,
voici du moins le tracé de celui de Strasbourg à Paris,
pour les provinces centrales de notre Empire, l'Alsace,
la Lorraine, la Champagne et l'Isle-de-France. Ce
canal avec le Danube jusqu'à Presbourg, présentera un
cours de navigation de près de trois cents lieues en
ligne droite, c'est-à-dire qui ne s'échappe point de la
latitude de Paris, du 48.e au 49.e degré.

De Strasbourg, vis-à-vis l'embouchure du canal
central de la Germanie, commencera le canal central
de France jusqu'à Lunéville et Nancy par la Meurthe ;

4

de la Meurthe , dans la Moselle à Toul ; de la Moselle, dans la Meuse à Vancouleurs , au-dessus de Verdun ; de la Meuse, dans la Marne à Saint-Didier , où cette rivière commence à porter bateau ; il continue par la Marne jusqu'à Vitry-le-Français, Châlons et Château-Thierry ; de Château-Thierry , par une coupure de huit lieues , dans la rivière d'Aisne et à Soissons ; de Soissons , dans l'Oise près de Compiègne ; de Compiègne , enfin toujours par l'Oise, à l'entrepôt de Pontoise pour Paris par Saint-Denis.

Ce canal , en amenant toutes les marchandises du centre de l'Allemagne, de la Souabe , du Wurtemberg, de la Bavière , de l'Autriche , de la Hongrie , de la Bohême , de la Servie , des rives de la mer Noire , de la mer Caspienne , et de tout le nord de la Russie , faciliteroit aussi sur Paris , l'arrivée des productions de nos provinces centrales de l'Alsace , de la Lorraine, de la Champagne et de l'Isle-de-France.

Je laisse à MM. les ingénieurs et au gouvernement tout le soin détaillé de ce canal important. Si toutefois M. le conseiller-d'état Crété , chargé de la partie des ponts , rivières et chaussées , si avec lui , son excellence M. Champagny , ministre de l'intérieur , conçoivent d'autres moyens plus expédiens , soit par la Meuse , la Sambre et l'Escaut ; soit par la Marne, qui par le canal de l'Ourck , parviendroit à Saint-Denis avec la petite rivière de Crould ; et de Saint-Denis à Pontoise ; je ne puis que louer la sagesse de leurs vues, à la réserve néanmoins que nos braves généraux nés à Pontoise , ou alliés à des épouses de Pontoise , ne soient point privés de la douce satisfaction de considérer sous leurs yeux , dans leur entrepôt , les riches productions des champs de la Germanie qui leur ont si glorieusement servi de champs de Valeur. Car tout ce que produira l'Allemagne à l'avenir , depuis la Souabe , le Tyrol , jusqu'à la Hongrie , la Moravie et les monts Krapachs , n'est-il point en quelque sorte , le patrimoine de leur bravoure ? et détourner ces précieuses choses de leurs regards , ne seroit-ce point une injure ? ne seroit-ce point un crime ?

Je ne dois pas non plus oublier une circonstance qui donne à Pontoise une extrême facilité , pour établir le riche , utile , et majestueux entrepôt que je sollicite pour la bonne ville de Paris. D'après l'inspection de la carte générale des canaux de France , dont j'ai déjà parlé, j'ai vu avec infiniment de satisfaction , le projet tracé d'un canal venant du port de Dieppe à Paris , par Neuchâtel , Gournai , Saint-Clair , Pontoise et Saint-Denis. Ce canal qui ne sera que de quarante-une lieues , abrégera plus de moitié la navigation par la Seine , qui par ses sinuosités , oblige à un cours de près de cent lieues de Paris au Hâvre.

A sa grande utilité , ce canal doit encore joindre l'accomplissement du plan attribué à la conception de Napoléon le Grand. Son lit étant une fois parvenu sur le boulevard de la porte Saint-Denis , s'ouvriroit en deux quarts de cercle , l'un et l'autre d'une lieue d'é-tendue , en embrassant ensemble , la moitié septen-trionale de la ville de Paris ; à droite , jusqu'aux Champs - Elisées dans la Seine ; à gauche , jusqu'à l'arsenal , dans le même fleuve.

Ce demi cercle de magnificence seroit comme adossé au demi cercle d'opulence des deux rivières qui vien-nent des deux mers à Pontoise. Des allées d'arbres , aux deux côtés du canal , depuis Pontoise jusqu'à Paris, rendroient cette route extasiante à la vue , notamment le long de la riche et superbe vallée de Montmorency , où l'on ne tarderoit pas à bâtir les plus charmans édi-fices que l'on verroit avec délices avant et après le châ-teau du prince Louis , situé au voisinage du canal à mi-chemin de Pontoise à Saint-Denis , à la commune de St-Leu ; ou plutôt Paris , Pontoise et Saint-Denis, ne feroient plus qu'une même ville , par la jonction serrée des châteaux , des hôtelleries , des maisons de commerce et d'artistes qui en formeroient une rue de sept lieues , dont l'élégance et la beauté le disputeroient avec tout ce qu'il y a de plus brillant dans la capitale.

Je préviens que ce canal central de la France et de l'Allemagne , n'est point nouveau , et qu'il est bien

éloigné d'être de ma conception , puisqu'il date de
mille ans , et plus ; ayant été conçu par l'empereur
Charlemagne , né en 742 , au château de Saltzbourg ,
à droite du Danube , quarante lieues au - delà de la
ville d'Ulm où il vouloit commencer cette noble entreprise , que les ingénieurs de son siècle n'ont pu
mettre à exécution. Mais le génie moderne à qni rien
n'est impossible , donnera sans efforts à Napoléon ,
plus grand que Charlemagne , ce beau témoignage
digne de la majesté de son règne ; et le premier Empereur des Français , après avoir surpassé Charles le
Grand , par ses exploits guerriers , le surpassera plus
encore dans sa qualité de sage administrateur , en éle-
vant le peuple Français au plus haut degré de prospérité . dont il puisse être susceptible , tant par le
commerce de l'étranger , que par les richesses de son
propre sol , au moyen de la culture et des ateliers de
tout genre qu'il ne cessera d'encourager,

Joignons à la gloire de Napoléon , une nouvelle navigation plus intéressante encore , celle de cingler de
la Méditerranée par la mer Rouge dans l'Inde , au
moyen de la jonction des deux mers. Cette manière
de naviguer , aussi heureuse que nouvelle , épargneroit
aux marins , le cruel tourment de passer deux fois la
ligne, dont on ne souffriroit plus les ardeurs brûlantes ,
puisqu'on la laisseroit de trois cent vingt-cinq lieues
devant soi dans le point le plus proche , je veux dire ,
au détroit de Babel-Mandel , à l'embouchure de la mer
Rouge dans la mer de l'Inde. Ce détroit se trouve au
juste milieu entre l'équateur et le tropique du cancer
que la mer Rouge coupe quasi en angle droit , ne se
portant qu'un peu diagonalement à gauche vers l'é-
quateur.

Parce que la plupart des cartes de géographie sont
infidelles sur la description de la mer Rouge ; j'ai cru
fort important d'assurer les yeux du lecteur. L'erreur
principale est à la ville de Suez , sur l'extrémité de
cette mer , qu'on représente comme arrondie , tandis
qu'elle se termine par une fourche de soixante-dix lieues
de long. Cette fourche ressemble à un homme couché

sur le dos, les pieds vers la Méditerranée, mais dont
la jambe droite seroit coupée au genou ; le bout du
pied gauche est la ville de Suez , (au 29.ᵉ degré) à
quarante lieues de la mer Méditerranée. C'est à ce point
de la naissance de l'Istme de même nom , que doit commencer le fameux canal de jonction des deux mers,
depuis la ville de Suez port de la mer Rouge , jusqu'à
Damiette port de la Méditerranée. C'est vers le haut
du molet de la jambe gauche, où la mer Rouge n'a
que trois ou quatre lieues de largeur à vingt lieues
de la ville de Suez , vers le 28.ᵉ degré , que les Israë-
lites la traversèrent à pieds secs , et que toute l'armée
de Pharaon qui les poursuivoit , fut ensevélie dans ses
eaux qui se réjoignirent sur les Egyptiens pour les
submerger. C'est entre les deux genoux fortement ouverts , au 27.ᵉ degré , qu'est situé le mont Sinaï , où
Moïse donna la loi , où est son tombeau , et où fut la
douzième des quarante-deux stations que firent pendant quarante ans les Israélites dans le désert , entre
leur sortie miraculeuse de l'Egypte et leur entrée dans
la terre Promise , par le passage également miraculeux
du Jourdain , près de Jéricho. Au-delà de cette fourche de 70 lieues, la mer Rouge (dans le reste de sa longueur de 330 lieues qui , jointes aux 70 précédentes ,
font 400 de long) , a 50 , 70 , 100 lieues de large ,
elle n'a que cinquante lieues sous le tropique du cancer,
au point qui répond à gauche à la moitié du chemin de
Médine à Lamech , deux villes d'Arabie , célèbres par
le pélérinage des turcs , dans la première desquelles
est le tombeau Mahomet , leur prophète ; la seconde ,
où fut son berceau et son éducation ; l'une et l'autre
éloignées seulement entr'elles de 90 lieues ; à droite
sur la même ligne du tropique , est dans l'Egypte sur
le Nil , près des cataractes de Nubie , l'ancienne ville
de Sienne , où les astronomes Egyptiens , creusèrent
il y a trois mille ans, un puit qui marque le solstice
d'été, c'est-à-dire le plus long jour de l'année , en ce
que le soleil n'allant pas plus loin dans sa course ,
plonge ce jour là directement et perpendiculairement
sur ce puit , ensorte que le mur du contour de la

gorge ne fait ombre de nulle part , comme je l'ai dit plus au long page 170 de l'ouvrage , dans la note très-prolixe, très-curieuse et très-instructive, sur l'athéisme et l'astronomie. La mer Rouge dans sa plus grande largeur a cent lieues , vis-à-vis du centre de la Nubie , (au 19ᵉ degré) , elle n'a plus que vingt-cinq lieues vers le 14.ᵉ degré , et c'est à quinze lieues du détroit , entre le port de Moka dans l'Arabie , ville si renommée par son café , et la ville d'Axuma , capitale de l'empire de l'Abyssinie , distante cependant de la mer Rouge de cent lieues environ à droite.

Je reviens de cette digression , qui peut souvent devenir aussi intéressante qu'elle est curieuse, d'après laquelle du moins, on peut assurer , que le chemin des puissances maritimes d'Europe par la mer Rouge pour l'Inde , est plus court , au moins de trois quarts , contre celui qu'on fait , en passant deux fois la ligne brulante par le cap de Bonne-Espérance , ce qui doit rendre aussi de trois quarts plus facile la navigation des Français pour l'Inde ; et dès lors , abolir le privilège exclusif des Anglais dans cette belle et riche partie du monde , ou plutôt détruire leur commerce d'Asie , qu'on évalue annuellement à six cents millions. C'est aussi dans la crainte que Napoléon n'entre de nouveau en possession de l'Egypte , qu'en violant le traité d'Amiens , ils s'obstinent à tenir l'île de Malte pour empêcher ce retour par la Méditerranée , parce qu'ils sont persuadés que l'Empereur des Français ne possederoit point l'Egypte , sans faire par un canal de 40 lieues , la jonction de la mer Rouge à la Méditerranée. La bataille d'Austerlitz, qui leur a enlevé leurs fameux alliés sur le continent, redouble leur crainte ; ils s'apperçoivent que bientôt ils seront forcés d'abandonner l'île de Malte et laisser l'Egypte à découvert. C'est dans ce sens , que je leur applique les deux vers suivans :

Déjà se dit tout bas Albion inquiet ,

D'Austerlitz à Damiette est un bien court' trajet.

Ils savent que la prudence de Napoléon trouveroit par des négociations d'amitié avec le Grand-Seigneur , des moyens faciles de rentrer en possession de l'Egypte, d'autant mieux que depuis très - longtems , ce pays quoique fertile , ne rapporte rien à l'empire Turc.

Quel beau ! quel facile enfoncement dans tout le midi de l'Asie , par ce canal maritime célèbre , tandis que le canal du centre de l'Allemagne sur le Danube , nous en déploieroit tout le nord ! la mer Rouge étant ouverte, nous tirerions facilement , 1.º du golfe Persique , toutes les productions de l'Arabie , de la Mésopotamie , des anciennes villes de Palmyre, de Babylone et de Ninive, de l'Arménie, de l'ancien Paradis-Terrestre, de la partie orientale de la Perse par l'Euphrate et le Tigre , anciens fleuves du jardin de délices ; 2.º par l'Indus, qui prenant sa source du mont Imaüs , tombe dans la mer de l'Inde à la naissance de la côte de Malabar , nous nous approprierons par nos échanges toutes les riches et petites belles choses de Cachemire, les productions de la Perse occidentale et les immenses richesses du Mogol. Seulement il faut s'attendre que l'Indus est très-difficile à remonter, à cause de l'étonnante rapidité de ses eaux qui parcourent un espace de six lieues par heure ; 3.º par le Gange, que les Indiens appelent le fleuve Sacré , qui prend sa source au pied des montagnes du Thibet , traverse plusieurs royaumes, charie l'or et les pierres précieuses , et tombe enfin dans le golfe du Bengale ; nous nous procurerions tous les objets commerciaux des deux Thibets , de tout le haut de l'Indostan et des Etats du Grand-Lama. Par d'autres fleuves adjacens au même golfe, nous parviendroit tout ce que produit la partie supérieure de la seconde presqu'île de l'Inde ; 4.º A ces divers fleuves et à ces divers golfes, il faut agréablement joindre toutes les deux parties du continent qui avoisinent la mer des Indes, et toutes les îles vastes et presqu'innombrables de cette mer : Madagascar, Ceylan, Batavia , les Maldives , les Moluques , les Philippines , la Nouvelle Hollande, le Japon et enfin la Chine qui seule contient 333 millions d'habitans , habiles artistes et très-bons cultivateurs, dont l'orgueilleux empereur dédaignant toutes les autres parties du monde , prend le nom fastueux de roi de quatre mers. Nos deux îles de France et da Bourbon, nous serviroient d'entrepôt passager des régions les plus éloignées, soit des autres îles, soit de la partie continentale.

Après un si beau détail en perspective, il faut s'assurer si cette jonction des deux mers présente quelque possibilité. Avant d'en éclaircir les doutes physiques, il ne sera peut-être pas indifférent d'interroger sur ce point, l'histoire des siècles passés ; malgré qu'ils soient couverts d'épais nuages, jusqu'à la première conquête de l'Egypte, faite par Cambyse roi de Perse, il y a environ vingt-quatre siècles. Voici sur cette vénérable antiquité, ce qui paroît le moins obscur : le premier de tous les rois d'Egypte qui ait conçu l'idée de joindre par un canal, la mer Rouge avec la Méditerranée, fut le grand conquérant Sésostris, qui régnoit 1500 ans avant Jésus-Christ ; mais tout entier à ses conquêtes de l'Asie, la mort l'arrêta dans son vaste projet de la jonction des deux mers.

Plus de mille ans après lui, régna l'un des derniers rois de l'ancienne Egypte vierge et savante, Néchaos, dont il est parlé au quatrième livre des rois, chap. 23. Où il est dit, qu'allant vers l'Euphrate, combattre les Assyriens et les Babyloniens, il défit à son passage en Syrie, l'imprudent Osias, roi de Juda, le tua, et à son retour, emmena captif pour la vie, en Egypte, son successeur Joachas Ce prince Egyptien belliqueux et ami des arts, ne se borna pas comme Sesostris, à concevoir ce beau projet ; il y mit la main, il en avoit poursuivi le travail difficile et hardi jusqu'à moitié, lorsqu'ayant eu à pleurer la mort de cent vingt mille hommes qu'il y avoit vu successivement périr, il se résolut de l'abandonner, d'après surtout, que l'oracle lui eut dit : « Que sa courageuse entreprise ne seroit » terminée que par un grand prince étranger qui con- » quit l'Egypte. » On observe qu'on a percé des canaux, de la mer Rouge au Nil, mais jamais de mer à autre.

Le dévastateur Cambyse, roi de Perse, après avoir le premier conquis l'Egypte, songea moins à conduire à sa fin ce travail utile, qu'à ruiner et dévaster tous les magnifiques monumens de l'Egypte antique ; puni de ses ravages sacrilèges, tandis qu'il marchoit sur le grand OASIS, pour y détruire le temple de Jupiter-Ammon, il fut enseveli avec toute son armée dans les sables brûlans du désert, avant que des momens de repos eussent pu éveiller en lui la vanité d'accomplir dans sa personne, les paroles de l'oracle. Peu de tems après Cambyse, un roi de Perse et d'Egypte, du nom de *Darius*, eut l'orgueil de terminer l'entreprise de Néchaos ; les paroles de l'oracle avoient stimulé son zèle, il avoit commencé, mais une mort précipitée l'arrêta dans sa marche, et aucun des rois de Perse après lui pendant deux cents ans, n'eût la même hardiesse.

Après que l'Egypte eut passé des Perses aux Grecs, par les victoires d'Alexandre, 350 ans avant Jésus-Christ. Ptolomée, l'un des généraux de ce grand conquérant, à qui l'Egypte fut échue en partage par sa mort, eut le courage de reprendre le travail de Néchaos, dans la confiance qu'il avoit conçue, que l'oracle le regardoit, après avoir combattu sous un si grand maître ; cependant il ne tarda pas à tout abandonner ; et jamais ensuite, ni sous les autres rois Grecs, ni ensuite sous les Romains, l'ouvrage ne fut repris ; il est moins étonnant que les Mamelouks qui ont succédé aux Romains ; et les Turcs, qui depuis l'an 1517 ont succédé aux Mamelouks, n'en aient démontré aucune envie ; ensorte que le travail est totalement abandonné depuis plus de deux mille ans ; Darius et Ptolomée, n'ont remporté que la honte d'avoir en vain tenté de s'approprier un oracle qui ne les concernoit pas.

Depuis eux, ce travail important fut constamment oublié. Je ne dois sans doute avoir aucune confiance aux oracles du paganisme, dans l'intime conviction où je suis, de la Divinité de la religion du Christ qui, malgré tous les efforts combinés de toutes les puissances de la terre, a brisé les idôles, détruit les temples des faux dieux, et fait taire leurs oracles ; cependant, qu'il me soit permis de dire ici, que cet oracle

5

ancien quel qu'il fut, paroît toucher à son parfait accomplissement, dans un siècle où, depuis près de deux mille ans, on ne croit plus ni aux aruspices, ni aux augures, ni aux oracles. Fondé sur ce que, d'après ce qui a été prédit au roi Néchaos, tous mes lecteurs jetteront les yeux sur le Grand-Homme qui gouverne aujourd'hui la France, plus grand que les Sésostris, les Darius, les Ptolomée et les Alexandre; voici selon leurs vœux et les miens, huit vers qui contiennent l'oracle et l'oracle accompli.

Il faut qu'un grand Prince étranger
A qui l'Egypte soit soumise,
Vienne, maîtrisant tout danger,
Terminer ta haute entreprise.
Si du sage roi Néchaos,
Nous méditons l'oracle antique,
N'est-ce point à notre Héros,
Que l'effet merveilleux s'applique?

Je laisse aux jaloux, ennemis de tout bien, toute l'amertume de leur fiel, toute la légèreté de leurs saillies sarcasmatiques, toute la finesse de leurs malins souris; mais malgré eux, je les forcerai d'avouer, qu'aucun mortel avant Napoléon, n'a paru comme lui prédestiné du Ciel, pour remplir une tâche, aussi bienfaisante envers les humains, qu'elle est en elle-même extraordinaire et merveilleuse. Au courage infatigable de l'entreprise, il joint l'intelligence profonde du génie pour en dicter et diriger la marche, en prévenir les inconvéniens, en écarter ou surmonter les obstacles, en calculer les suites heureuses. Avec tant d'éminentes qualités réunies, il a celle encore non moins précieuse, l'intention efficace d'établir la liberté des mers, pour tous les habitans du globe, en arrachant des mains de l'égoïste Albion, sa tyrannie révoltante sur les flots. C'est donc à ce Grand-Homme que doivent obéir ces deux mers, c'est sous ses yeux et à ses ordres, qu'elles doivent s'embrasser mutuellement pour bientôt après, accueillir avec le même degré de faveur et d'allégresse, les mortels de toutes nations.

Les doutes que l'on forme et les craintes que l'on conçoit sur la réunion de la Méditerranée avec la mer

Rouge, se réduisent parmi nous à trois chefs particuliers ; 1.º à la différence du niveau des eaux ; 2.º à la
légéreté des terres qui faciliteroit l'immersion totale
de l'Egypte, si fertile dans ses moissons, et qui fut
si longtems le grenier de la Grèce et de l'Italie ;
3.º Enfin à des bancs de sable que les vents du midi
formeroient par leurs fréquens tourbillons dans ces
parages et y rendroient par suite de ces fâcheux événemens, la navigation impraticable.

D'accord avec Strabon, et démentant avec lui le
grand Pline, M. Volney a pleinement satisfait au
premier doute, dans son ouvrage sur l'Egypte, de
1787, en certifiant que les eaux des deux mers sont
au même niveau. Fondé sur ce que ces deux mers étant
deux Sciphons de l'Océan, en doivent conserver le
niveau. Au sujet du peu de fermeté des terres,
on peut y remédier pour le lit, en glaisant le fond,
ou laisser par elles-mêmes se remplir les excavations
inférieures ; effet toujours solide, et qui ne peut jamais
tarder à s'opérer.

Les deux rives de ce canal qui sembleroient faire
craindre des débordemens affreux, n'ont rien non plus
d'effrayant, si l'on se rapporte en Hollande, sur les
digues de Flessingue, qui depuis l'origine du monde,
soutiennent les fougues d'une mer qui sans cesse les
heurte de front avec toute la masse de ses abîmes,
avec tout le poids de son immense colonne, avec toute
la gravitation menaçante de ses marées ; au lieu que
l'eau maritime de ce canal, qui n'auroit que la profondeur et la largeur nécessaire à la navigation, ne feroit
que glisser en petit volume le long de ses bords, et
n'y présenteroit presque ni opposition, ni résistance,
ni poids. D'ailleurs, si dans quelques endroits les plus
foibles, il falloit prendre plus de sûreté, on y prati-
queroit une levée, large de douze à quinze pieds, piquée
de gros pieus violemment enfoncés et entrelacés de
fortes branches d'arbres torses, en forme de hards,
ensorte que le sable qui en rempliroit les espaces,
formeroit comme dans la Batavie, un rempart inexpugnable contre les vagues les plus impétueuses des

deux mers. Les Hollandais, les Brabançons, les Flamands et les Belges, dorment fort tranquilles, quoiqu'ils sachent, que les digues de Flessingue venant à être brisées, les eaux de la mer du nord inonde- roient avec la Hollande, tous les Pays-Bas antrichiens, jusqu'en deçà de la vil e de Mons vers Maubeuge, non loin du lieu qui m'a vu naître ; de même les habitans de l'Abyssinie, de la Nubie et de l'Égypte ; ceux de l'Arabie heureuse, de l'Arabie Pétrée et de la Syrie, jouiroit de la même tranquillité, sachant que Napo- léon-le-Grand, auroit commandé et dirigé ce travail merveilleux. Les Africains à droite, les Asiatiques à gauche, verroient avec satisfaction sur le sommet des digues comme près de Roterdam, partout où il le faudroit, des gardiens nuit et jour dans des hûtes bâties sur le sommet des digues, pour en surveiller l'intégrité et en remplir a l'instant la moindre brèche.

Enfin, s'il arrive que des vents du midi, venant de l'Arabie, élevent de gros volumes de sable, l'accident n'en doit pas être funeste ; il n'est point journalier, et les grains levés dans l'air, ne se réunissant pas au même point, doivent être aussi facilement charriés par le courant du canal, que tous les sables qui tombent aussi dans le Nil voisin, sans que ce fleuve pour cela, cesse jamais d'être navigable. Mais il est bien inutile que je m'occupe plus longtems des inconvéniens que le plus grand génie de l'Univers saura éviter aussi facile- ment, qu'il sait faire fondre comme la neige par un seul rayon de soleil, les armées les plus nombreuses et les plus formidables. La principale attention que doit avoir un savant, quand il vit dans un siècle qui donne un de ces hommes qui ne reparoissent qu'une fois en mille ans, c'est de s'empresser de mettre sous ses yeux pour le bonheur des humains, des objets extraordinaires associés à leur génie, et qui sans eux, ne parvien- droient jamais à leur exécution ou demeureroient éter- nellement dans l'ordre des choses possibles. Ainsi le gardien fidèle d'une métairie, pendant un long été pluvieux, profite dès le matin d'un beau jour de soleil brillant, pour presser la rentrée d'une moisson, qui

après ce court espace, seroit annéantie au grand dommage de toute sa commune et de sa contrée. La jonction
des deux mers ne rendroit pas amères les eaux du Nil,
comme le canal de jonction de la mer Rouge au Nil
semblable à l'eau de mer qui tomberoit au nouveau
pont, vis-à-vis le jardin des Plantes, qui rendroit
amères pour tout Paris, les eaux de la Seine.

Dès l'instant que la jonction des deux mers sera ef-
fectuée, l'Afrique entourée d'eau de toutes parts, de-
viendra une île, par un de ces effets extraordinaires,
dignes du Héros de la France. A sa demande, l'empereur de Russie, en exécution du projet de Pierre-le-
Grand, son aïeul, ne tardera point de faire faire par un
canal de vingt lieues, la jonction du Tanaïs au Wolga,
au 48.e degré comme Paris, entre Casan et Astracan ;
et dès-lors, l'Europe entourée d'eau comme l'Afrique,
devient comme elle, une île, quoique moins grande que
sa compagne.

Si à ces effets merveilleux qui sont réservés à faire
époque sous les règnes des grands potentats, on réfléchit que la langue de terre qui sert de passage de l'Asie
en Amérique, praticable et pratiquée autrefois, est
aujourd'hui comblée de glaçons, par les montagnes de
glaces écroulées qui en obstruent la route ; on verra par
une singulière nouveauté, que l'Asie et l'Amérique sont
enfin deux îles, que la terre entière n'a plus de continuité, et que tous les hommes sont devenus insulaires ;
car d'une part, l'île Saint-Louis, par exemple, située
au milieu de Paris, est toujours une île, malgré que
le fleuve de la Seine qui l'entoure soit quelquefois gelé
de toutes parts ; à plus forte raison, l'Amérique et
l'Asie entourées de mers qui ne gèlent jamais, et qui
n'ont d'ailleurs qu'un court espace de glaces qui les
sépare.

Par suite de ce plan nouveau, les limites de l'Europe et de l'Asie sont beaucoup mieux et plus sensible-
ment prononcées, au lieu d'établir comme au hazard,
avec les anciens géographes anciens, une ligne droite
(qui certes n'est nullement figurée sur le terrein), de
deux cents lieues, depuis Casan près de Wolga, au

56.e degré jusqu'au cap Vaigats, au 70.e, à travers des
valons, des plaines, des ruisseaux, des prairies, des
champs, des marais, des broussailles, des monticules
et les monts Poyas, nous suivrons constamment un
seul courant d'eau non interrompu, depuis l'embouchure du Tanaïs dans la mer Noire, jusqu'à un quart
de lieue au-delà de Pétersbourg dans la mer Baltique
au golfe de Finlande, en rejettant de l'Europe dans
l'Asie, Archangel, la mer Blanche, la Laponie rus-
sienne et la Norwège.

Mais laissons ces réflexions arides néogéographiques
pour porter de nouveau notre admiration sur les im-
mensémens utiles suites de la jonction de la mer Rouge
à la Méditerranée. Qu'il seroit riche le commerce que
nous ouvriroit cette réunion des deux mers! tout le
midi de l'Asie, toute la rive orientale de l'Arabie,
toute la côte occidentale de l'Afrique, la Nubie,
l'Abyssinie, les côtes d'Ajan, du Zanguebar, le Mo-
notapa, la Cafrerie, jusqu'au fleuve du Niger: toute
l'Afrique enfin, si l'on en excepte la côte qui le long
de la Méditerranée, comprend les trois régences d'Al-
ger, de Tunis et de Tripoli, jusqu'à la chaîne des
monts Athlas; et celle qui borde le grand Océan dit
l'Athlantique, qui présente le royaume de Maroc, le
Sénégal, la côte des Guinées, le Congo, etc.

Qu'ils furent imprudens ces fameux Pharaons, qui
sacrifièrent à leur orgueil, les sueurs de plusieurs millions d'hommes, se sont constamment consumés en vains
édifices, aussi ruineux, inutiles que magnifiques! en
statues colossales qui dépécioient la race humaine, en
pyramides montueuses qui insultent les cieux, et dont
la base est aussi large que tout l'édifice des Invalides
de Paris, vu des Champs-Elysées; en labyrinthes presqu'interminables, qui en contenant plusieurs palais
souterrains creusés dans le roc, semblent s'enorgueillir
d'avoir taillé le marbre aussi facilement que l'argile,
et d'avoir érigé un nouveau peuple de rois, plus grands
sous la terre que ceux qui en habitent la surface. Que
ces princes Egyptiens furent donc imprudens de n'avoir
jamais porté leurs soins vers la richesse et la défense

de leur pays ! la jonction des deux mers qui leur étoit beaucoup plus facile que ces entreprises fastueuses, les eut rendus maîtres, en commerce et en politique, de la mer d'Arabie et des Indes, leur ont servi de défense contre l'invasion des Perses, les auroit peut-être jus-qu'à nos jours, conservé comme les Chinois dans leur possession antique et primitive ; du moins est-il proba-ble, que leurs anciens livres, aussi nombreux que ceux de la Bibliothèque Impériale de Paris, ne seroient point devenus la proie de l'ignare musulman Omar, qui en 640, fit brûler la bibliothèque d'Alexandrie qui con-tenoit dans les quatre cents mille volumes manuscrits, les plus riches dépôts des premières races du monde, dont les savans d'Europe ne cesseront jamais de pleu-rer la perte. Ces 400,000 volumes n'étoient que la der-nière moitié de cette même bibliothèque qui sept cents ans auparavant, avoit déjà perdu 400,000 autres volu-mes, par les malheurs du siégé de la ville, 48 ans avant Jésus-christ, sous le règne de César. Si cette collection fameuse avoit atteint l'époque de l'impri-merie, découverte en Europe en 1440, elle seroit cer-tainement accrue de nos jours de moitié, contiendroit aujourd'hui plus de 1,600,000 volumes, et seroit de trois quarts plus nombreuse que la plus belle biblio-thèque qu'il y ait présentement dans l'Univers, celle Impériale publique à Paris, qui n'en contient que 400,000.

Une autre bibliothèque d'Egypte, 1300 ans plus ancienne que celle d'Alexandrie, étoit dans la Haute-Egypte, celle de Thèbes, célèbre ville à cent portes, dont chacune pouvoit voir sortir dix mille combattans. Cette bibliothèque toute égyptienne et hiéroglyphique, fut formée et placée dans le plus ample appartement de son palais, par Osymandias, fameux roi d'Egypte qui régnoit vers le tems de Sésostris. Ce prince d'une judicieuse moralité, avoit fait appeller cette nom-breuse collection du beau nom de *Pharmacie de l'Ame*. Tout homme sage regrette avec douleur la perte de cette collection vénérable, qui fut détruite par le pre-mier conquérant de ces belles contrées, le dévastateur

Cambyse, roi de Perse, 528 ans avant Jésus-Christ ;
près de 1200 ans avant la destruction faite par Omar,
dans la Basse-Egypte, de la bibliothèque des Ptolomées
à la ville d'Alexandrie.

Ces livres qui constatoient l'origine politique des
Egyptiens, réduiroient aujourd'hui au silence tous
nos prétendus philosophes modernes qui attribuent plusieurs millions d'années au peuple Cophte, trouveroient
à leur confusion le premier de leurs rois dans la personne de Menés ou Misraïm, petit-fils de Noë, qui
régnoit 2200 ans avant Jésus-Christ.

Nous n'avons plus le secours des hiérogliphes de
l'Egypte, c'est-à-dire, de leurs figures qui leur tenoient
lieu d'alphabet, pour connoître leur science politique
qu'ils exprimoient par elles. A ce défaut, le Chinois
qui n'a pas encore non plus d'alphabet, mais qui n'a
jamais perdu l'usage de ses 80,000 caractères, dont il
continue de faire un constant usage, assez ressem-
blant aux hiérogliphes d'Egypte, vient de donner dans
le siècle dernier par une soigneuse étude de ses livres,
une chronologie fidèle, suivie et non interrompue des
cinq dynasties des empereurs Chinois. C'est à cet effet
que Kien-Long, dernier empereur en 1739, (tandis
que Thomas Kouli-Kan, ravageant le Mogol persé-
cutoit le christianisme en Perse), fit établir dans son
empire, sans le savoir, ni le vouloir, un fondement
stable de l'époque de l'origine du genre humain, conforme à la croyance catholique romaine, et ferme appui
de l'Evangile. Dès le commencement de son règne, il
donna ordre à tous les lettrés, c'est-à-dire, à tous les
milliers de savans de son vaste empire, soit Chinois,
soit Tartares-Mantchoux, de compulser les livres de
toutes les bibliothèques, pour constater l'antiquité de
la nation Chinoise. Il est résulté de ce travail solennel,
conduit et commandé par un empereur très-savant lui-
même, que l'origine de la Chine, par sa chronologie
non interrompue, s'accorde parfaitement avec tout ce
que nous dit Moïse dans la Genèse, sur l'origine du
genre humain en général, par un premier père commun, sorti des mains d'un dieu créateur. Ce monarque

tartare chinois , prince très-habile dans les lettres , fit
imprimer ce travail dans son propre palais , pour être
à toujours loi sacrée de l'empire. C'est en effet un flambeau à la lueur duquel on se conduira toujours sûrement dans les routes difficiles de l'histoire la plus étendue qui soit dans l'Univers. Il est impossible de soup-
çonner d'erreur un travail nourri de tant d'études ,
accompagné de tant de recherches et commandé avec
tant d'intérêt par le roi du plus nombreux peuple du
monde ; quand on réfléchit surtout, qu'un astronome
chinois seroit puni de mort , s'il se trompoit seulement
de quelques minutes , dans le calcul ou la prédiction
d'une éclipse. Le précis de cette chronologie se trouve
rapporté au 13.º volume *in-*4.º des mémoires sur la
Chine du père Amiot , fameux missionnaire , logé et
nourri au palais de l'empereur. En remontant d'après
l'année 1769 , 34.ᵉ année du règne de l'empereur Kien-
Long, jusqu'à l'an 2637 avant Jésus-Christ , on peut
sans crainte de s'égarer dans cette savante et auguste
chronologie , suivre le plus beau sentier de l'histoire
pendant l'espace de 4406 ans.

Cette preuve acquise à la Chine , consacrée dans les
fastes de l'empire, porte le même degré de force et de
preuve pour l'antiquité égyptienne. En voici la raison :
Les historiens sacrés plaçant constamment ces deux
peuples , comme les deux plus anciens et les plus voisins de Noë après le déluge, les ennemis de toute religion , tentèrent de la renverser , en poussant capricieu-
sement ces deux peuples contemporains , beaucoup au-
delà de l'époque de la création. La Chine, aujourd'hui,
depuis 1739 , les regarderoit comme ennemis de leur
nation, et l'Egypte les méprise comme des téméraires
ou des insensés. L'Egypte comme la Chine, trouve
l'origine de sa population dans la personne de Noë ,
vivant après le déluge pendant 350 ans , à Nacchsivan
près du mont Ararath , comme je l'ai dit page 208 , et
dirigeant pendant tout ce tems par ses enfans, la re-
population du genre humain dans l'Univers , selon les
connoissances par lui acquises (pendant les six cens
ans qu'il avoit vécu avant le déluge) de la première

6

population faite par Adam , et qui ne dura que 1657 ans.

A cette preuve irréfragable tirée de la Chine , que répondront nos nouveaux chimistes décompositeurs du monde ancien de 6000 ans , et créateurs d'un monde *infini en durée ?* Que diront nos naturalistes qui exigent plusieurs millions d'années pour la formation des minéraux et des montagnes, l'ossification des chairs, la pétrification des arbres, des animaux, et la transmutation de tant d'autres objets sur lesquels ces faux sages vaniteux veulent être plus savans que le dieu créateur qui d'un seul acte de sa volonté a fait de rien tous ces êtres divers ? On n'est point dupe de leur finesse , ils ne cherchent tant à faire remonter la formation des êtres , au-delà de l'époque assignée par les livres saints , que parce qu'ils ont intérêt de ne pas y reconnoître un maître infini dont ils craignent la sévère justice. Ils sont nos frères , plaignons-les , en plaignant la destruction des bibliothèques célèbres dont je viens de parler , et qui leur auroient servi de sûrs guides conformes à nos livres saints, comme les Chinois viennent de l'éprouver. . . . Mais ne tardons pas plus longtems à nous reporter vers les bords de l'Eritrhée , sur un objet qui récrée agréablement notre imagination !

Il falloit qu'après trois mille ans, un homme choisi du ciel, vint accomplir de si heureuses destinées et faire pour la première fois depuis tant de siècles, respirer le peuple égyptien, par les arts ressuscités, la culture brillamment encouragée et le commerce porté à sa plus grande extension : voici sur cette félicité future de l'Egypte , les desirs d'un bon Français :

L'Egypte au beau ciel étoilé ,
Vit éclore l'astronomie ,
Son fertile sol inondé ,
Enfanta la géométrie :
O ! berceau sacré des beaux arts
L'Univers savant te contemple
A l'ombre de nos étendards ,
Deviens leur palais et leur temple.

Il nous tarde que des deux mers
La jonction soit opérée :
Que les navigateurs divers
Puissent cingler vers l'Eritrée ;   (mer Rouge)
Que Paris soit du monde entier ,
Le centre heureux de l'opulence ;
Et le peuple le plus altier ,
L'humble admirateur de la France.

Dieu des flots , commande à Minerve
De rétablir devant Pharos ,
Ce Phare antique ; et qu'il te serve
A diriger notre Héros !
Pour dévise , la terre et l'onde
Y liront , chanteront ces vers :
Au plus grand Conquérant du monde ,
Le Phare de tout l'Univers.

Les bergers dans leur loisir , voyant toujours un ciel
sans nuage , ont facilement acquis les premières notions
de l'astronomie. Sur le besoin que les cultivateurs avoient
tous les ans , de mesurer leurs champs , que les sables
du Nil avoient couverts par le débordement des eaux ,
ils ont tracé diverses sortes de figures qui devinrent les
premiers élémens de la géométrie.

L'architecture devoit naturellement accompagner la
géométrie ; mais on ne sait pas d'où vient dans tout
l'orient, le goût pour le gigantesque , le massif, l'inutile et le colossal. En Égypte les pyramides de 600
pieds de haut sur environ autant de large ; à Thèbes ,
la statue assise d'Osymandias , dont chaque pied avoit
près de 3 toises de long; à Palmire, des colonnes innombrables de grandeur démesurée ; à l'île de Rhodes ,
la statue d'Apollon de soixante-dix coudées de haut,
Encore de nos jours dans l'Indostan , on voit une pagode
des Bramines, dont les valves du portail ont cinquante-
deux pieds de haut , et toutes les pierres de la tour en
granit rouge , jusqu'à la hauteur de soixante pieds ,
sont chacune, du poids de 80,000 livres.

Les artistes français donneront aux beaux arts , en
Égypte, leur perfection, par le fini , l'utile, l'élégant
et le beau dont ils les embelliront , pour transformer

leurs berceaux en palais brillans et en temples magnifiques.

Tels soins que l'on prenne pour porter le commerce
français à sa perfection, Paris ne sera jamais le centre
du commerce du monde, que lorsque cette jonction des
deux mers sera opérée.

L'histoire nous dit que le nom de Phare que l'on
donne aux tours que l'on bâtit dans les ports de mer,
pour éclairer la nuit l'entrée des vaisseaux, vient originairement de la fameuse tour qui est une des sept
merveilles du monde, bâtie par Sostrate, Gnidien
architecte, aux ordres et sous le règne de Ptolomée-
Philadelphe, 320 ans avant Jésus-Christ. Cette tour
avoit 450 pieds de haut, toute en marbre blanc, tant
sa base quarrée que ses colonnes et ses galeries balus-
trées en rond : à son quatrième et dernier entablement
étoient de nombreux miroirs d'acier poli, si ingénieusement disposés, que l'on y voyoit représentés tous les
vaisseaux qui approchoient du port, on les découvroient
même de cinquante lieues : c'est cette tour dont le poète
demande à Neptune la reconstruction, afin de guider
notre héros, lorsqu'il se rendra en Egypte, pour opérer
la plus utile de toutes les merveilles, la jonction des
deux mers. Les deux vers de devise écrits sur cette tour,
se liront sur terre et sur mer, et dans le même moment
par les habitans du monde entier, puisque ce Phare
étoit à l'île Pharos, près d'Alexandrie, au point de
réunion de trois parties de l'ancien monde connu,
l'Asie, l'Afrique et l'Europe. C'est dans ce même sens
que le Phare à reconstruire, est appelé le *Phare de
tout l'Univers.*

Napoléon est plus grand que tous les autres conquérans qui l'ont précédé, non seulement par la rapidité
de ses conquêtes, mais bien plus, par sa modération
à ne chérir que la paix, sans vouloir d'un seul pied de
terrein, aggrandir son empire ; les autres conquérans
furent au-dessus des rois qu'ils ont détrônés, celui-ci
est au-dessus de lui-même.

Il falloit cette brieve explication des trois stances
que j'avois prononcées, avant de revenir à quelque peu

de réflexions qui me restent à faire sur le genre de navigation dont j'ai entrepris le plan.

Bayonne, Bordeaux, Nantes et Brest, ont leurs ports ouverts à toute l'Amérique pour en concentrer par divers canaux de l'intérieur, toutes les cargaisons sur Paris, à l'entrepôt de Pontoise ; au sujet de cette immense partie qui devra nous arriver à la même destination par la mer Rouge, le Rhône est ouvert à Arles, par Avignon jusqu'au dessous du pont du Saint-Esprit, d'où l'ami des hommes et de sa patrie M. Brulée, a tracé deux voies, l'une par le Rhône à Lyon, par la Saône à Châlons ; de Châlons, dans le canal de Bourgogne, qui après avoir baigné Sens, capitale du Senenois, tombe par l'Yonne dans la Seine avec le canal de Briare, l'autre voie à gauche, et presqu'en ligne droite, traverse l'Auvergne, tombe dans la rivière de l'Allier à Moulins, capitale du Bourbonnois, continue par Nevers, capitale du Nivernois ; de Nevers, prend la Loire, passe par la ville de la Charité, et enfin dans le canal de Briare, pour se rendre à Paris par le même fleuve de la Seine.

Je laisserais un coin de voile sur mon tableau, si j'oubliois d'ajouter que M. Brulée (impatient de saigner pour ainsi dire des quatre veines, le globe commercial) a construit aussi une grande carte de l'Asie, dans laquelle il a tracé tous les canaux qui sont à construire pour la facile communication réciproque, et de la France avec les états Asiatiques, et des états Asiatiques avec la France, notamment de la Russie ; ensorte que cet ingénieur aussi laborieux que fécond en génie, ne mérite pas moins les regards flatteurs d'Alexandre Ier, que de Napoléon-le-Grand, à la satisfaction de tous les humains qui connoîtront l'immensité de ses travaux généreux gratuits et utiles.

Le fer, le cuivre et le plomb sont nécessaires à un gouvernement pour ses armées, l'arrivage en est facilité de toutes parts. Outre les petites forêts qu'on a déracinées de partout depuis quinze ans, nos grandes forêts du centre de la France, de Fontainebleau, d'Orléans, de Compiègne, de Vilers-Cotteret, de Senlis

ont souffert pendant nos années révolutionnaires, une
dégradation qui fait craindre une disette de bois pour
Paris, dont la consommation annuelle est de huit cent
mille cordes ; mon canal du centre sur Strasbourg
par Nancy, nous amenera l'abondance par la forêt
Noire, qui a vingt lieues de long sur huit à douze de
large ; par la forêt des Ardennes et la forêt des Vosges, qui sont presqu'aussi grandes que la forêt Noire ;
la forêt de Sogne près Bruxelles, les forêts de Mormal,
de Saint-Amand, du Nouvion et les haies d'Avesne.
Avec ce bois qui affluera de toutes parts, nous ver-
rousarriver avec autant de joie, les charbons de terre de
Charleroi, de Liége, de Houdé, de Mons, de Frêne,
de Condé, d'Anzin et de Valenciennes. Pour ces deux
provisions de chaufage, il y aura le choix de se servir
par le plus facile voisinage respectif de l'un des trois
canaux, de l'Escaut, de la Meuse et de la Moselle par
Nancy. Il faut neuf cents mille muids de vin par an
à la ville de Paris, les vins de Lorraine, par le canal
du centre circuleront aussi facilement que les bois des
Vosges, et par d'autres canaux, il n'y aura point
d'espèce de vin qui ne parvienne facilement à la capitale, et que Pontoise ne puisse conserver dans son entrepôt. Ce canal du centre nous amenera des matières
de l'Allemagne, comme celui de l'Escaut, de la Suède.
Au sujet du blé dont la consommation pour Paris seul
est par chaque jour, de trois mille six cents septiers
du poids de 240 livres, Pontoise a l'usage depuis 45
ans de servir d'entrepôt dans cette partie, par les fa-
rines dont elle tient magasin pour Paris, depuis 1760.

Cette dernière réflexion prouve que mon projet d'en-
trepôt-général à Pontoise, pour l'approvisionnement de
Paris, a été senti depuis un demi-siècle, et que je ne
fais que l'ennoblir, en donnant pour motif de son établissement, les cinq valeureux généraux qui y ont
leur famille.

Voici définitivement le plan topographique qu'il
conviendroit d'y suivre : la route de Rouen se partage
en deux, avant d'y arriver, l'une va à droite, l'autre
à gauche ; le canal venant de Dieppe, arrivant dans

l'Oise, doit laisser la ville de Pontoise à gauche, on pourroit à une demi-lieue de distance diriger un même bras
qui laisseroit la ville à droite. Le pont qui est aujour-
d'hui vis-a-vis de la ville, est à rebâtir ; avant de le
démolir, on bâtiroit deux autres ponts en-dehors des
deux lits du canal ; aucun approvisionnement ne se
transporteroit dans la ville, à cause de la roideur de
sa monticule : en creusant le bassin, on laisseroit une
grande nappe de terre entre la ville et l'eau, pour y
bâtir des maisons, un chemin large et un quai leur
feroient face ; sur les deux côtés du bassin demi-circulaire, on placeroit les terres d'excavation, sur lesquelles en deux quarts de cercle uniformes, on bâtiroit sous le même modèle, tous les édifices, qui servant à l'entrepôt, seroient aux bords de l'eau pour recevoir les marchandises sans transports laborieux. Je
me tais sur le goût qu'on y emploiera, dans la
crainte de paroître vouloir donner des leçons aux meilleurs architectes de l'Univers, que Paris rassemble. J'ai
appliqué mes foibles connoissances à l'exposition d'un
projet glorieux pour nos invincibles guerriers, et utile
à ma patrie, notamment à la ville de Paris, qui me
souffre dans son sein depuis treize ans avec les infir-
mités qui m'y retiennent. Je rends hommage aux vues
toujours prudentes et utiles du héros qui nous gouverne, qui, au milieu d'une guerre lointaine, où il
commande en personne, ne néglige rien des travaux
de l'intérieur ; édifices, routes, ponts, canaux, manufactures, etc. De là, je sais trop combien dans les
momens très-prochains d'une paix générale, il se livrera tout entier au bonheur des Français, pour manquer de lui adresser en finissant, dans l'esprit d'une
juste récapitulation, les deux vers suivans :

Ainsi devront leur gloire au Grand-Napoléon,
Le commerce, les arts, la navigation.

(7) Les frères et l'oncle du défunt général Leclerc, beau-
frère de notre empereur, accompagneront sans doute Napoléon le Grand, en leurs qualités de généraux ou d'alliés du héros,
au jour célèbre qu'on lui décernera les honneurs du triomphe,
d'après le décret du Sénat du 29 frimaire, et conformément
à la proclamation de S. M. qui se propose de rallier autour de
lui ses braves frères d'armes aux fêtes de Mai prochain:

* On a placé séparément de l'épitre les vers suivans, comme tenant au corps de l'ouvrage intitulé : *Reunion des Cultes.*

A l'admirable paix de toutes les puissances,
Au calme renaissant de tous les citoyens ;
L'homme du ciel joindra celle aussi des croyances,
Par un accord parfait entre tous les chrétiens.

Pour elle il ne faut point assaillir des murailles ;
Nulle part établir le plus léger combat ;
Non plus lever les mains vers le Dieu des batailles;
Suffit le doux esprit de notre concordat.

Nulle difficulté d'après ce code sage;
Son pacifique auteur, le Grand Napoléon,
Pour atteindre son but, y couvrit chaque page,
De règles de prudence et de saine raison.

La saine raison dit d'éviter tout ce qui peut troubler le bon ordre dans un état : or, la diversité des croyances, d'après des expériences nombreuses, trop malheureusement funestes et sanglantes, expose à ce calamiteux inconvénient, qu'il est du devoir sacré du prince de prévenir, par tous les moyens possibles, en proscrivant le refuge trompeur du préjugé, l'azile séduisant de la licence et le repaire fanatique du caprice turbulent, sans néanmoins troubler jamais le sanctuaire des consciences, ni blesser les droits inviolables de la liberté. Les puissances de la terre ont pris depuis un siècle, toute l'attitude imposante que l'Evangile leur décerne. Inutilement les intrigans qui de nos jours environneroient le Saint-Siège, tenteroient d'opposer à une si salutaire réunion, les efforts d'un vain orgueil. Les intérêts communs sont trop bien sentis. Les tems sont passés où 70,000 protestans furent égorgés en 1572 à la Saint-Barthelemi, 130,000 en Irlande, vers 1641. La rage que Notaras, amiral grec, démontroit contre les Romains en 1453, est depuis long-tems éteinte. On ne se souvient plus chez les Grecs, et si l'on s'en souvient, ce n'est que pour s'en repentir, qu'un de leurs sénateurs, à l'aspect de l'armée formidable des Turcs ait dit dans sa haine, « qu'il valoit beaucoup mieux voir le turban turc dominer dans Constantinople, que le chapeau d'un cardinal Latin. » Tous les partis se lassent aujourd'hui d'être désunis, et réclament les puissances, pour en hâtant leur réunion, affermir elles-mêmes plus solidement leurs trônes. Voyez un plus ample développement à la note onzième sur la réunion des Grecs, page 237.

Vœu de la Grande-Nation pour son premier Empereur, Napoléon-le-Grand.

O héros! qu'avec nous tous les princes du monde
Admirent, du midi, du nord, de l'orient !
Permets qu'on rétablisse et sur ta gloire on fonde,
Le nom majestueux D'EMPEREUR D'OCCIDENT !

Plus grand, mieux mérités que ceux de Charlemagne,
A cet antique honneur te sont acquis des droits;
Quand dans l'espace seul du quart d'une campagne,
Des siècles cumulés tu presses les exploits.

Hé! quel titre inspirer, trop pompeux, trop sublime,
Au chef que s'est choisi la *Grande Nation !*
Soutiens, soutiens Français, par ton vœu magnanime,
Ta primauté, ton rang, ton élévation.

Charles le Grand, roi de France, ou autrement dit
Charlemagne, l'an dernier du huitième siècle, avoit
rétabli l'empire d'Occident, que ses trop faibles fils n'ont
su maintenir dans notre monarchie ; il est tems qu'au
commencement du dix-neuvième, Napoléon le Grand,
l'invincible, le vainqueur des empereurs, rétablisse
une seconde fois cet empire, d'une manière solide et
durable, à la gloire de sa race et du peuple Français,
qui, par ses exploits, est devenu le premier peuple de
l'Univers et mérite le nom glorieux de *Grande Nation.*
   Les titres pompeux d'empereur d'Occident et d'empereur d'Orient ne commencèrent qu'en 395, à la mort
du grand Théodose, lorsqu'après lui, l'empire Romain
qui s'étendoit sur tout le monde connu, fut divisé entre ses deux fils ; la partie orientale à Arcade, et
la partie occidentale à Honorius.
   L'empire d'Occident échu à Honorius, ne dura que
81 ans, et finit en 476. L'empire d'Orient, beaucoup
plus durable, ne prit fin qu'en 1453, lorsque Mahomet II prit Constantinople d'assaut sur Jean Paléologue, le dernier empereur d'Orient, dont le père, Jean-
Manuel Paléologue, son prédécesseur au même em-

pire , étoit venu quatorze ans auparavant, en 1439 , à
la tête du clergé grec , assister en personne au concile
de Florence , comme je l'ai dit dans l'ouvrage , page
239 et 255. Ces deux titres d'empereur d'Occident et
d'Orient n'étoient que purement honorifiques , sans rien
ajouter à la puissance réelle. C'est pourquoi Napoléon ,
en prenant celui d'Occident , ne blesseroit aucun des
droits politiques des autres puissances , ni l'article 21
du traité de paix du 26 décembre 1805. Ce titre convient à la France , parce qu'elle est comme sous Charlemagne , la première puissance de l'Occident. Il convient à son chef suprême , parce qu'il est le plus grand
héros de l'Univers ; il convient au peuple français ,
parce qu'il est le premier peuple du monde.

Si l'on excepte les quatorze années du règne de Charlemagne , l'empire d'Orient, exista seul, pendant mille
ans , sans concurrence de l'Occident depuis 476 jusqu'à
1453; l'empire d'occident pourroit donc aujourd'hui de
même exister seul, en attendant que par la chûte de la
puissance Ottomane , toujours de plus en plus affoiblie
et chancelante, la croix remplaçât le croissant sur
la tour de Sainte-Sophie , aux ordres d'un prince chrétien , devenu par sa conquête , empereur d'Orient ,
et qui sous ce beau titre, rendroit aux sciences et aux
arts, Memphis , Palmyre et Athènes ; je veux dire,
les plus beaux pays du monde, que l'ignare musulman tient comme enfouis ou morts depuis tant de
siècles.

Ennemi de mon équitable desir comme de tout autre
objet qui put illustrer la France et son Chef Suprême ,
le gouvernement Britannique , a déjà calomnié d'a-
vance dans Napoléon , ce titre honorifique, qu'il révère néanmoins dans Charlemagne. La comparaison
entre les deux potentats du neuvième et dix - neuvième
siècle, va nous dire , si l'anglais est juste dans ses
clameurs contre le héros d'Austerlitz.

1°. Charlemagne est un conquérant, qui en tenant
toutes ses vastes conquêtes, satisfait une ambition démesurée, et prépare pour le malheur de l'humanité
de nouvelles guerres après sa mort. Napoléon aussi

(51)

conquérant, mais plus savant, plus rapide et plus sage que le premier, divinise la soif de conquérir, en ne conservant rien de ses immenses conquêtes : seulement il en partage sagement ses alliés, pour en former un fondement durable de paix universelle, pour le bonheur des nations.

2°. Je vois Charles le Grand accourir de l'Espagne par un trajet de six cens lieues, pour faire trancher la tête à 4500 saxons, ses ennemis ; il en fait même périr, en plusieurs fois, plus de trente milles par le même esprit de vengeance : Napoléon-le-Grand, généreux et magnanime, calme dans ses victoires, comble ses ennemis de faveurs et de bienfaits. Après la bataille d'Austerlitz, il tenoit entouré très étroitement et à discrétion l'empereur de Russie avec les princes de sa cour : il les libère et les renvoie sur leur simple parole d'honneur. L'électeur de Bavière est l'oncle de l'empereur Alexandre Ier, qui vient de cinq cens lieues pour battre Napoléon ; et Napoléon vainqueur fait roi, l'oncle d'un ennemi si acharné. L'électeur de Bade est l'aïeul du même potentat des russies, Napoléon en a aggrandi singulierement les états, par les propres fruits de ses conquêtes. Il est un dernier trait de générosité bien plus sublime encore ; l'épouse du duc de Wurtemberg est la propre fille du roi d'Angleterre, le plus grand ennemi et de la France et de la personne de l'empereur des Français ; et Napoléon se dépouille de ses brillantes acquisitions en sa faveur, en lui donnant le titre de reine, par le trône qu'il élève à son mari qu'il fait roi.

3°. Charlemagne a-t-il en faveur des chrétiens de son temps composé des capitulaires ? Napoléon, par son concordat, fait disparoître toutes ces regles minutieuses et gothiques. Charlemagne a-t-il maintenu la religion ? Napoléon en a relevé les autels abattus. Charlemagne a-t-il rassuré au pape l'exarchat de Ravenne, que son fils Pepin lui avoit donné en le créant pour la première fois prince temporel en 755 ? Napoléon a plus fait : il a rendu au saint siège son patrimoine perdu par la révolution de France, jusqu'à la ville de

Rome, dont il rendit les clefs, après que Pie VII, successeur de Pie VI, qui avoit été totalement dépouillé,
fût élu Pape à Venise, le 12 mars 1800.

4° Charlemagne, pour prix de sa générosité, reçoit
le nom d'*Auguste*, par les acclamations du peuple romain : quel nom pompeux ce même peuple n'eût pas
solemnisé dans Napoléon, si la modestie du héros ne
lui avoit point inspiré l'éloignement de la ville de
Rome, lors de son sacre royal à Milan ?

5°. Puisqu'un si terrible ennemi que l'Angleterre use
de tous moyens, pour détacher de son digne souverain,
les cœurs des Français qui lui sont attachés par tant
d'honorables liens, qu'il me soit permis de sonder jusqu'à
la vie privée des deux potentats dont dix siècles ont
séparé le mérite et la gloire des conquêtes : les historiens les larmes aux yeux, reprochent à Charlemagne
jusqu'à neuf femmes à la fois, quoique l'évangile dont
il se faisoit gloire d'être le disciple, resserre à un seul
nœud, le lien conjugal : Napoléon fidèle à une seule
épouse, selon la loi du Christ, s'en fait accompagner,
jusques dans ses campagnes les plus belliqueuses, et
adopte comme son propre fils, le jeune Beauharnais,
vice-roi d'Italie, issu de ses premières noces, avec le
célèbre vicomte de Beauharnais, prodige d'esprit et de
talens.

Le comparerai-je avec Auguste, dont la vie disso-
lue avec sa propre fille Julie, fit tout le crime de l'exil
d'Ovide, qui malheureusement en avoit été le témoin ?
Le confronterai-je avec César, que l'histoire appelle
le mari de toutes les femmes, et la femme de tous
les maris ? Sa tempérance en tout genre, le rendra-t-elle
moins grand, si on le confronte avec l'ivrogne et le débauché Alexandre le Grand ? Savant, appliqué, stu-
dieux, ne peut-il pas dire avec Latour-d'Auvergne,
(page 204) que les études sérieuses l'ont depuis son
enfance distrait de tout autre plaisir ?

6.° Le héros du neuvième siècle avoit coutume de
reconnoître dans ses victoires, le bras du Dieu des
Armées qui l'avoit conduit ; rapportoit à sa divine
protection tout le succès de ses armes ; et commandoit

à tous les Pontifes de son Empire , de lui chanter avec
leurs peuples , aux pieds des saints autels , de profondes actions de grâce.

En cela seul , je mettrois Charlemagne au niveau
de Napoléon , si ce dernier n'avoit point rehaussé
tous ces magnifiques témoignages religieux , par un trait
d'héroïque piété , qui en éclipse , pour ainsi dire
toute la commune gloire : plein de gratitude envers
le souverain maître des rois , il se souvient que le
plus terrible et le plus solemnel des combats , déployé
en présence de trois empereurs , se donne le jour anniversaire de son sacre impérial ; il lui voue tous
les étendarts pris sur l'ennemi à cette journée mémorable ; et il veut que ces brillans trophées soient placés pour toujours en anathème au-dessus du maître
autel de l'église Métropolitaine de Paris , où un an
auparavant , il avoit été sacré des mains du Pontife
suprême. Ces deux faisceaux radieux , couvrant respectueusement de leur ombre le sanctuaire du tout-puissant , seront jusqu'à la fin des siècles , la gloire du
héros chrétien , la confusion des athées et l'objet d'une
religieuse allégresse pour tous les bons Français , amis
de leur patrie et de leur propre bonheur.

Par une singulière opposition à la conduite sublime
du premier Guerrier de l'Univers , un savant de Paris,
aussi bisarre qu'incirconspect, s'efforçoit en même tems
d'accréditer en France , le système hideux de l'a-
théisme , en publiant une espèce de Dictionnaire qui
annonçoit comme Athées , les personnages les plus
respectables de l'Empire , notamment M. de Boisgelin , Cardinal , Archevêque de Tours , ajoutant que
*les principes d'Athéisme de ce Prélat ne l'empê-
choient pas d'être un excellent Evêque.* Napoléon , loin
de sa capitale , guerroyant dans les glaces de la Germanie,
au milieu des combats , apprend la publicité de ces
maximes subversives des mœurs et de l'ordre social ;
il écrit soudain à l'Institut national , enjoignant au
président de convoquer une séance extraordinaire et
générale de toutes les quatre sections , avec ordre d'in-
timer solennellement à ce dangereux écrivain , la

défense à lui faite de la part de Sa Majesté, de propager à l'avenir ses opinions d'Athéisme. Cette séance eut lieu le jeudi, lendemain de Noël, à laquelle cet Astronome célèbre, (problême indéfinissable des Athées) après la lecture publique de la lettre de Sa Majesté, promit en présence de tous ses Collègues, de s'y soumettre dans tout son contenu. Ainsi, après la promesse subite et solennelle de récipiscence de la part de ce vieillard égaré, fut levée cette séance mémorable, qui ne dura que cinq minutes: séance aussi satisfaisante pour tous les Membres vertueux de cette savante Assemblée, que glorieuse pour Napoléon et utile à la tranquillité de ses Etats, en tant qu'elle attache les humains au respect envers l'Etre Suprême qui fait la base nécessaire, éternelle et impérissable des Loix.

J'ignore ce qu'eut fait à ce sujet Charlemagne, dans la conjoncture de la plus terrible des batailles, où trois empereurs en personne voyoient s'agiter l'intérêt pressant de leurs diadêmes ; mais nous ne pouvons du moins ignorer toute l'attention et le zèle empressé que mit Napoléon à l'intérêt de la gloire du maître des Cieux, au moment même que la sienne par ses ennemis, lui étoit le plus vivement disputée.

Après tant de supériorité de mérite de la part de Napoléon sur Charlemagne, j'ai le droit d'anéantir les traits perfides et calomnieux des agens du cabinet de Saint-James, et de demander qu'en dépit de leur haineuse envie, il soit à Napoléon le Grand, donné comme à Charlemagne, le titre majestueux d'*Empereur d'Occident*, d'autres méchancetés des agens soudoyés par l'Angleterre, pour enlever au digne héros qui nous gouverne les cœurs de ses sujets, s'étoient avant celles-ci, populairement accréditées ; je les ai réduites au néant, page 5x et suivantes.

Ce soin religieux de Napoléon, en donnant aux Athées le coup de massue, dans la personne de leur Coryphée, nous invite à croire, que lorsque ce prince vertueux jouira des douces tranquillités de la paix, il se livrera spontanément et avec toute l'activité d'un zelé ami de la Religion et de l'humanité , à la réunion des diverses croyances chrétiennes qui partagent si scandaleusement le Globe.

Le présent Ouvrage en offre toutes les facilités : j'y ai sondé les ans et les siècles ; approfondi les questions ; éclairci les doutes ; applani les difficultés : j'y ai même tellement enfin levé les obstacles , que la réunion des trois fameuses Eglises orientales d'Asie et d'Affrique doit s'opérer entièrement par une simple lettre que le Patriarche de chaque communion écrira au Pape , lors de sa nomination au Patriarchat. La réunion des Protestans d'Europe ne se montre pas plus difficile.

Il suffit qu'un Ecclésiastique de la confiance de Napoléon soit de sa part , chargé de conférer de ces objets avec la Légation romaine séante à Paris; qu'il rende à Sa Majesté l'Empereur un compte précis de ses négociations ; et dans peu , toutes ces désirables réunions seroient consommées à la gloire de l'empire , du St. Siège et de la Religion. Le titre d'*Empereur d'Occident* seroit loin de nuire à cette importante et louable entreprise : les premiers siècles du Christianisme nous en garantissent l'heureux augure.

En attendant ces succès inestimables , j'avertis mes lecteurs , que la rétractation du fameux Astronome Athée que je combats dans un long détail, à la seconde note de cet Ouvage , ne me surprend aucunement. J'ai dit, page 172 , que sa conversion n'étoit point à mes yeux désespérée. J'ai annoncé à la même page , que par ma manière pressante de combattre en pleine classe , à sa leçon astronomique , ses expressions d'Athéisme , j'avois , un jour , réussi à le faire articuler respectueusement le nom de *Dieu.*

Je souhaite que la justesse de mes réflexions fassent passer dans son cœur , les paroles de répentance que ses lèvres ont prononcées en présence de l'Institut ; et que les Anges dans le Ciel , aient sur sa conversion , les mêmes actions de grâce à rendre que les humains sur la terre ! Je prie ceux qui me liront dans la religieuse et riante beauté des Cieux que je leur déploye ,

d'élever avec moi pour lui leurs mains vers le trône
mille fois plus brillant encore de leur divin auteur.

Si mon maître en astronomie, une fois solidement
converti, prend à tâche de glorifier autant le maître
des cieux dans ses écrits, qu'il a cherché depuis si
long temps à le tenir enfermé dans l'abyme ténebreux
du néant ; j'invite à lire, de toute préférence, les touchantes exhortations de cet Augustin vraiment changé.
Personne sur la terre ne connoit comme lui, l'ordre,
la profondeur et la magnificence des cieux ; personne
aussi ne peut en donner des considérations plus ravissantes.

Après nous avoir annoncé pour derniere découverte,
celle faite le même jour à Paris et à Marseille, d'une
95ᵉ comète le 20 octobre 1805. Puisse-t-il, à l'imitation
du repentir du grand Corneille, expier aussi les erreurs
de son talent, et satisfaire au Très-Haut en travaillant
dès le mois de Janvier 1806, à nous donner incessam-
ment sur l'immensité des cieux, des réflexions morales
qui surpassent tout ce que les *Pluche* et les *Derham*
ont produit de plus édifiant sur ces fécondes merveilles.
Pluche. tome 4. *Derham*, théologie astronomique.

Je finisois d'écrire ces lignes, quand le dictionnaire des Athées, foudroyé par Napoléon, me tomba
sous la main, et navra mon ame de douleur : toujours
sensible à ce qui peut tenir la gloire de mon maître en
astronomie, je ne puis avoir que le triste courage
d'en faire un affligeant précis, laisant à d'autres écrivains, le soin d'en relever les sophismes spécieux,
surannés, souvent grossiers et presque toujours portant l'empreinte d'un cœur endurci sur les vérités les
plus claires, les plus ravissantes et les plus utiles qui
composent le bonheur de l'homme sage.

Avant de commencer le recueil alphabétique des
personnages qu'il prétend penser comme lui, il rassemble et réchauffe tout ce qui a jamais été dit de
plus impie en matière de religion ; et comme si cela
ne suffisoit pas à son zèle, il cite tous les auteurs
où ces dogmes pernicieux sont exposés avec leur séduisant appareil. Il n'admet ni vertu, ni vice, ni
récompense,

récompense , ni punition ; ni ame immortelle, ni vie future. Il se fait gloire de détruire (comme la massue à la main), l'existence du Dieu bon qui lui a départi avec tant de bienfaisance , les facultés les plus rares, pour lire dans le beau livre des Cieux, en sonder la profondeur et calculer leur marche.

Il ne se plaindra pas que je lui fais une vigou-reuse attaque ; je sais pleurer sur son sort ; et ce tendre soin respectueux suffit à mon cœur. Hazard , destin, providence , ces trois idées partagent le reste des humains. Le hazard est l'absence de toute force et de toute puissance : il l'emploie dans ses leçons d'as-tronomie d'une manière nauséabonde. Le destin est une puissance , mais qui toujours en nécessitant l'homme , tantôt au bien , tantôt au mal, ne lui laisse aucun mérite ni démérite , ni devant Dieu ni devant les hommes. La providence est la puissance divine qui en ne contribuant point au mal moral dont elle est incapable, nous donne tous les secours dont nous avons besoin pour opérer le bien ; d'où vient notre liberté , d'où vient ensuite notre bonheur ; si notre choix est pour le bien ; notre malheur, si no-tre détermination est pour le mal. Mais cette conso-solante providence , il la repousse avec mépris, pour s'étourdir du vain mot de *hazard* , pour chérir le destin qui n'a ni promesse ni menace : enfin, autre-ment que tous les autres hommes , il a la basse va-nité de s'attacher à l'*instinct* qui le conduit en tout, et qui à la mort, l'enfouit entre le chien et le cheval. Quel dommage pour un homme qui tous les jours s'élève si haut dans les Cieux ! hé ! quelle chûte affreuse il il se prépare !

Il dit n'avoir aucun doute sur la non-existence de l'Etre Suprême ; on ne peut croire à un tel paradoxe : il ferme les yeux à toutes preuves physiques, je ne puis ni ne veux forcer ses paupières ; il refuse de prê-ter son intelligence aux démonstrations métaphysi-ques, en vain voudrois-je en commander l'applica-tion ; mais puisqu'il fait usage de la preuve morale par le rassemblement et la comparaison des témoi-

8

 guages , il ne peut à son tour me défendre de le suivre
dans sa marche.

Afin d'accréditer son système d'athéisme , il cherche dans tous les pays du monde , parmi les vivans
et les morts ; et il présente enfin , comme un ferme
appui de sa manière de penser , cent cinqnante personnages qu'il dit être du même sentiment que lui , et
il chante victoire : mais il doit savoir que le nombre des
habitans de la terre se monte à un milliard , ou neuf
cent millions d'hommes. Voici donc un milliard contre cent-cinquante. Là il n'existe point de doute , non ;
la vérité l'accable par son poids de 9000,000,000 ,
contre cent cinquante , la vérité donc , et toute la vérité , de son propre aveu , est contre lui ; et malgré
lui , Dieu existe , par l'acclamation universelle du
genre humain : malheur à lui , s'il n'y joint pas ses
accens d'allégresse !

Il faut observer que parmi ses cent cinquante personnages , il cite des vivans qui out réclamé contre
lui ; il y réunit des morts qui le traitent de calomnia-
teur et d'insensé. Comment en effet , a-t-il osé citer
Fénélon et Descartes , qui tous deux out fait un traité
sublime sur l'existence de Dieu ? Fléchier qui en a si
brillamment publié la grandeur ? Platon , appellé le
divin Platon ? et Socrate qui souffrit la mort, pour
avoir soutenu l'existence d'un seul Dieu ?

En rangeant , page 93', le cardinal Boisgelin
parmi les Athées , il dit que sa profession d'athéisme
ne l'empêchoit pas d'être un *excellent* évêque : il
faudra donc après cela , regarder comme *excellens*
prêtres , ceux qui pendant la révolution , sont venus
renier Dieu à la barre de l'Assemblée. Tout l'univers
les regarde comme profondément scélérats , et M. Lalande en fait des saints pour son calendrier.

Il dit , page 77, qu'il possède toutes les vertus , et
tandis que tous les sages de tous les siècles ont regardé
l'amour propre comme le fondement de tous les vices
qu'il faut combattre , il fait lui au contraire, de l'a-
mour propre , le fondement de toutes les vertus qu'il
faut chérir. Il enchérit sur cette nouvelle idée , en

fondant , page 81 , son amour propre sur *l'instinct ma-chinal* ; dès lors , tout devient vertu. Quand son ins-tinct lui dira de tuer son père , il lui plongera sans remords , le poignard dans le cœur , et ses mains par-ricides , trempées de sang , deviendront le sublime si-gnal de sa bienfaisante vertu : ses lèvres mêmes qui l'auroient aidé à s'en faire un breuvage , prononceroient sans devenir tremblantes , ces belles paroles de la même page 81 : « On est incapable de remords , quand on est » incapable d'une mauvaise action ». Car l'instinct ma-chinal ne connoit ni crimes ni loix.

Il remarque très-sérieusement ailleurs , page 66 , qu'on doit dire , écrire , et par suite , faire tout ce dont on se *sent un besoin*. Le devoir suit le besoin , la vertu suit le devoir. Ainsi des vieillards de son âge , appelleroient un besoin , un devoir , une vertu , l'insulte faite à la chaste Susanne ; c'est pour eux un besoin , un devoir et une vertu , de fréquenter les lieux de débauche et de s'y vautrer dans la fange du crime. Oh ! la belle morale ! oh : les admirables principes de société ! ce seroit dommage qu'il y eut un Dieu , pour interdire le cours de ces utiles et admirables leçons !

On voit , page 88 , qu'il se fait gloire d'avoir ap-pellé *bête* , le grand Cassini ; ailleurs il qualifie le sublime Newton , *d'imbécille* , il publie comme *stu-pides* , le grand Bossuet , avec tous les pères de l'é-glise. Enfin , les termes lui manquant , pour parler avec assez de mépris , des hommes religieux qui con-sacrent leurs veilles à prouver aux incrédules , le précieux et paisible accord de la raison avec la foi ; il invente à leur sujet , le nom *d'obscurans* , dont nous lui laisssons tout le mérite d'invention , avec les autres qualifications avilissantes , dont il charge non-seulement les hommes qui croient en Jésus-Christ , mais encore généralement , tous ceux qui adorent un Dieu maître de l'univers.

L'on sait que tout Paris le taxe de folie ; je me gar-derai bien de lui en attribuer la qualification , malgré qu'elle soit la moins déshonorante , parmi toutes

celles qu'on puisse lui appliquer, pour mieux excuser ses étranges et lamentables systèmes. A l'entendre , on ne peut pas concevoir un homme plus
rare ni plus extraordinaire que lui, il est un homme
unique : « le monde, dit-il, n'a jamais eu de com-
» mencement, et je suis le premier d'entre les hommes
» qui ait jetté le germe de la vérité, de la science et
» du bonheur, (page 76) et c'est aux philosophes,
» qu'appartient ce dépôt. Je suis plus athée que per-
» sonne (continue-t-il, page 77), et c'est pour la re-
» cherche de la vérité ». On ne peut donc point, selon lui, être savant, dès que l'on croit en Dieu ;
toutes ces belles choses ne demandent point d'explication, elles font assez profondément gémir. Encore
lui sont-elles dans son sens d'autant plus glorieuses ,
» qu'il est le premier dit-il, qui ait eut le courage de
» sceller publiquement de son nom , ce *foyer*, ce *trésor*
» de perfectionnement de l'espèce humaine . » (*voyez*
page 75). Qu'il me soit permis de le plaindre , et de
lui dire dans le désir le plus sincère de son vrai
bonheur :

Tu prends pour un trésor , infortuné Lalande ;
Le sol pauvre et maudit d'une hideuse lande.

La seule proposition suivante étonnera peut-être
plus les vrais savans, que tout ce qu'il dit ailleurs
de plus inattendu : il assure, comme par sentence,
» qu'il faut plus d'esprit pour être athée, que pour
» être bon mathématicien. » Je sais qu'il en coûterait
beaucoup à mon esprit, pour devenir grand mathématicien , mais je sais aussi qu'il n'en coûteroit
qu'à mon cœur, pour devenir athée : car pour n'admettre rien et tout nier, il ne faut point de force
d'esprit : il suffit d'être ignorant, de mauvaise foi,
ou endurci : aussi a-t-on reconnu de tout tems en
philosophie l'axiome suivant : *plus negaret asinus,*
quàm probaret bonus philosophus.

Sans considérer l'axiome ancien, il étend et par-
ticularise sa prétention en disant , « qu'il est plus
» difficile d'être athée, que de faire les ouvrages de

» *Newton* et d'*Euler*, » les ouvrages de ces deux savans mathématiciens, géomètres, algébristes et astronomes sont des prodiges de profondeur de l'esprit humain, l'on sait d'ailleurs parfaitement que M. Lalande a mis beaucoup plus de tems, à composer ses quatre volumes d'astronomie, qu'à se décider à l'athéisme, qui ne demande qu'un seul rêve, enfanté par la crainte des châtimens éternels, qu'on sent avoir mérités, mais sur lesquels on voudroit en quelque sorte s'endormir.

Désespéré de ne voir ni Newton ni Euler athées comme lui, il leur impute des traits de folie et d'imbécillité en disant, page 87, « que parce qu'ils » ont été dévots et pieux, ils peuvent avoir été fous » ou bêtes en fait de religion, quoiqu'ils demeuras- » sent très savans en matière d'astronomie et des » sciences exactes »; voilà donc les plus grands mathé- maticiens du globe, devenus un objet de risée et de mépris aux yeux de M. Lalande, par la seule rai- son, qu'ils ont avec leur profonde science, conservé et la croyance en Dieu et des sentimens chrétiens.

Je m'attache plus à Euler, mort en 1783, plus rapproché de nous et chez qui M. Lalande, dit avoir logé à Berlin, en 1752. Euler, ce phénomène, dont l'his- toire des sciences ne nous avoit encore offert aucun exemple, un des hommes les plus grands, et les plus extraordinaires que la nature ait jamais pro- duits, est avili sous la plume de M. Lalande, parce que ce grand homme, en devenant savant, est de- meuré chrétien, et n'a pas renié son Dieu comme lui? auroit-ce donc peut-être été pour cet athée un tourment, d'avoir, étant logé en 1752 chez Euler, été obligé d'assister à la prière commune que ce savant fai- soit tous les jours, avec ses enfans, ses élèves, et ses domestiques! il aura du moins cette soirée, prié Dieu et reconnu un Dieu avec *Euler*. Qu'il lise souvent l'éloge de ce grand homme dans les mémoires de l'académie de l'an 1783, et il cessera bientôt d'être athée.

Une petite contradiction qu'il vient d'essuyer, est de nature à le faire entrer en lui-même et il se vante,

page 77 , « que s'il y avoit un Dieu, il n'auroit rien
» à craindre de lui ». La même vaine présomption lui
avoit fait dire pages 74 et 75 , « que ses sentimens d'a-
» théisme seroient favorablement accueillis de la part
» du Chef Suprême de notre empire ». Il s'est grossièrement trompé de cette dernière part ; puisque
notre héros aussi religieux qu'invincible , l'obligea
à une rétractation publique le 26 décembre 1805.
Après cette juste et profonde humiliation , ne doit-il
pas craindre un sort beaucoup plus rigoureux de la
part du maître souverain des Rois , qui peut-être dans
peu lui demandera compte des talens qu'il lui a confiés ? Je dis à sa louange , que ses sentimens commen-
cent à paroître moins opiniâtres : il avoit, page 76,
rangé Napoléon parmi les *monstres ;* et l'on sait que
depuis le retour du vainqueur d'Austerlitz , il n'est
sorte de louanges qu'il ne donne à ses exploits glorieux.

Il seroit inutile de lui demander aujourd'hui , s'il
persiste de dire comme page 77 , qu'il est plus athée
que personne ; il nous suffit de savoir , que depuis
sa rétractation , il est moins athée qu'auparavant ; parce
qu'ayant promis solemnellement de ne plus écrire sur
l'athéisme, il n'est plus un athée scandaleux. Déjà il
n'est plus athée pour autrui; bientôt il ne le sera plus pour
lui-même. Il se faisoit gloire page 76 , d'avoir déposé le germe de cette science abominable , qu'il
appelloit , page 74. « Un dépôt précieux , le prin-
» cipe unique de perfection de l'espèce humaine ».
Mais ce trésor cessa bientôt d'être tel à ses yeux,
puisqu'il le dissipa trois mois après. Il l'avoit consigné vers l'équinoxe d'automne , et il l'enleva vers
le solstice d'hiver. Il avoit si soigneusement semé
son précieux germe de science et du bonheur , au
moment de la semaille , à la saison d'octobre ;
et il ne lui donna pas le tems de se développer ; il
l'étouffa, il le froissa, il l'anéantit dans les glaçons
de décembre , loin de lui donner le tems de croître et
d'étendre ses nombreux rameaux aux beaux jours
printanniers de mai.

Son germe, son dépôt et son trésor n'eurent pas plus de durée que nos rapides campagnes ; ils devoient finir avec elles. Le même ennemi les avoit provoqués, le même héros vainqueur devoit y mettre fin. L'Anglais, en allumant les feux de la guerre en Germanie, espéroit de rompre par l'athéisme, tous les liens des mœurs et de société dans la France ; la discorde avec sa torche flamboyante, devoit guider les déchiremens intérieurs, légitimer tous les crimes, faire de la France un chaos, tandis que le démon de la guerre devoit par ses feux, nous consumer chez les germains. Napoléon maîtrisa les deux monstres le même jour, à Presbourg et à Paris ; d'une main il commande et signe la paix dans la capitale de Hongrie ; de l'autre, il tue l'athéisme dans la capitale de la France.

Ce jour de fête et de triomphe sur l'athéisme, eut glorieusement et solemnellement son octave, le 2 janvier 1806, huit jours après la célèbre rétractation du lendemain de Noël, 26 décembre 1805. Ce jour là, il y eut à l'institut, dans la même salle, la séance publique de chaque mois, à laquelle j'eus l'honneur d'être admis par billet avec l'heureuse circonstance d'être placé vis-à-vis notre doyen d'astronomie, auteur du dictionnaire des athées : je ne cessois de le fixer, parce que je l'aime, mais tout à coup je fus privé du doux plaisir de le contempler, lorsqu'il se tint le visage caché dans ses deux mains, la tête inclinée jusques sur son bureau, pendant environ un quart d'heure que dura le discours sublime et attérant contre l'athéisme, que rendit avec toute la véhémence que méritoit une si savante composition, M. Fontanes, président du Corps Législatif. Telle attitude qu'il prit, pour se dérober à la scène frappante, rien n'aura certainement pu l'empêcher d'entendre, avec les expressions énergiques du discours, les applaudissemens sans cesse répétés par des battemens de mains. Tous les cent soixante-treize membres de l'Institut, et les douze cens personnes que comportent les alentours et les tribunes de cette vaste

salle avoient les yeux dirigés sur lui. Tel est, me
disois-je, en gémissant, le triste présage de sa réputation future après sa mort, s'il ne revient bientôt de son erreur ! le peuple en cela n'est pas in-
juste. Peut-il révérer la mémoire d'un savant, qui
lui enlève sa consolation, sa paix, son bonheur et
son dieu ! sa face étant soigneusement barricadée dans
ses doigts, il ne voyoit personne, personne ne le
voyoit ; il fut impossible de lire sur les traits de
son visage : le Ciel seul sait ce qui se passa dans
son cœur humilié, pendant toute cette forte leçon
salutaire : je souhaite que sa conversion y ait été
victorieusement opérée, et que tout le peuple Français conçoive bientôt autant de joie de son retour,
qu'il a jusqu'ici conçu d'affliction sur son égare-
ment !

Comme prêtre, je gémissois. Mais je n'aurois osé
faire un crime à une assemblée de douze cent personnes réunies, qui profitant d'une heureuse circonstance, témoignoient en masse et par un seul cri commun, leur vive indignation contre l'homme qui leur
ravissoit ce qu'elles ont de plus précieux sur la terre
et dans les cieux : je regardois au contraire une telle
indignation générale et spontanée, de la part de cette
respectable multitude, comme un témoignage éclatant
de son amour sincère pour la paix des familles et de
son inviolable attachement au maintien des mœurs;
du bon ordre social et de la tranquillité publique.

Cette vertueuse assemblée savoit que pour trouver un prétexte d'anéantir l'existence de Dieu, l'auteur du dictionnaire insinuoit, page 76, que puisqu'on
craignoit Dieu, parce qu'on a commencé par craindre
un loup, ou devoit se défaire de l'un comme de
l'autre. Falloit-il jamais s'attendre, de la bouche d'un
vieillard à cheveux blancs, bientôt octogénaire, à une
insinuation si basse, si peu médilée et si injurieuse !
faut-il donc lui apprendre, au bord de sa tombe,
la différence de la crainte de Dieu avec la crainte du
loup ! la crainte du loup est un principe de sûreté de
vie qui nous conduit à détruire cet animal malfaisant:
et

et vorace. La crainte de Dieu, est un principe de sagesse
(*initium sapientiæ timor domini*,) qui nous invite à l'ai-
mer, en observant ses loix et ses commandemens éternels,
pour mériter ses récompenses infinies : c'est ce qu'on
appelle la crainte filiale qui est celle d'un fils plein
de respect pour son père dont il craint les justes châtimens et s'empresse d'accomplir ses volontés. Ce
langage est conforme à l'ancien axiome de morale :
c'est par les actions, que l'on assure la preuve de
son amour : *probatio dilectionis exhibitio est operis.*

Les douze cents personnes présentes à la séance de
l'Institut n'avoient dans leur indignation contre l'athée
designé dans le discours véhément, ni la crainte de
Dieu, ni la crainte du loup. Elles n'avoient pas une
crainte semblable à la crainte de Dieu, parce qu'elles
n'ont aucune loi à recevoir de notre athée, ni aucun
châtiment à en appréhender, ni la moindre récompense à en obtenir un jour. Elles n'avoient pas non plus
la *crainte du loup*, parce que leur indignation ne leur
suggeroit point de le poursuivre à coups de mousquet,
de dard ou de fourche pour se débarasser d'un homme
dont les sentimens désastreux dévorent l'intérieur des
familles; elles étoient toutes pénétrées d'une troisième
espèce de crainte qui n'est ni filiale ni meurtrière,
mais salutaire, sanctifiante, charitable et fraternelle, qui leur faisoit désirer sa conversion, pour son
honneur en ce monde, pour son bonheur en l'autre et pour
la tranquillité des familles de tout l'Empire français.

Tous les applaudissemens et les battemens de mains,
en forme de huées, étoient bien pardonnables à ce
peuple nombreux des tribunes, composé de seuls gens
instruits et honnêtes que l'on n'y avoit admis que
par billets. Ils tentoient de faire rentrer en lui-même,
par la voie de l'humiliation un homme qui d'un
côté assure que le monde est éternel, et de l'autre,
page 75, dit que les hommes, (malgré l'éternelle
existence de leur espèce,) sont encore dans l'enfance. Auroit-on su trop humilier un savant qui
compare à des enfans à la lisière, une assemblée
si nombreuse, si bien civilisée, si bien choisie ?

9

Qui n'excepte même pas de l'état d'enfance, les cent soixante-treize membres de l'Institut ses collègues, qui composent la société la plus savante de l'univers ! sa malice grossière, on le sent, est de comparer tout le genre humain à l'état d'enfance, pour insinuer, que si jusqu'ici les hommes ont cru en Dieu, ce n'est que parce qu'ils ont éternellement vécu dans un état d'imbécillité dont ils ne sont pas encore sortis. A de tels efforts d'imagination, il suffit de lever les épaules ; lever la voix, seroit faire trop d'honneur au vil paradoxe. On espère bien, que pour un seul homme qui se dit excepté de l'imbécillité universelle, Dieu qui a tout créé de rien, saura résister à ses ridicules rêveries et conserver sa divine existence. L'univers sans doute ne croira pas avec M. Lalande, que les savans de France sont absolument des imbéciles, et qu'ils ne savent ce qu'ils font, en croyant l'existence d'un Dieu créateur. Si les hommes sont encore dans l'enfance, il faudroit donc prendre pour des châteaux de cartes les superbes monumens de Paris, tels que le Louvre, le dôme des Invalides, l'Eglise de Notre-Dame, etc. Est-ce par des enfans que Napoléon a fait faire le Pont-des-Arts, il y a trois ans, et qu'il fait encore actuellement construire, vis-à-vis le Jardin des Plantes, le merveilleux Pont de fer, sur lequel on a déjà passé de pied, le premier de l'an 1806 ? Est-ce par une insouciance d'enfant, qu'on a réuni dans le Jardin Impérial, les 15,000 espèces de plantes qui forment en ce genre, le plus beau Jardin de l'univers ? Est-il un enfant lui-même notre héros, prodige de talens et de valeur ? Croit-il confier à des enfans, les immenses travaux qu'il vient de commander pour cette année, et dont le décret nous est parvenu hier, 18 février ? Est-ce un édifice d'enfant, l'ancienne Eglise de S.-Denis, à laquelle il vient de rendre sa première splendeur, pour être la sépulture des Empereurs et des Princes de sa dynastie ? Prend-on pour un jouet d'osier, la vaste et superbe Eglise nouvelle de Sainte-Geneviève, rendue d'hier par Napoléon, au culte catholique, dans le caveau de laquelle seront déposés les Grands Hommes de votre Empire, et où tui-même désire tant d'avoir place un jour ? Tous les Hommes illustres qui y seront révérés, n'auront-ils été par leur héroisme, par l'éminence de leurs vertus , par la supériorité de leurs talens dans les sciences et les arts, que des enfans à la bavette ou des imbécilles sans action ? L'assemblée des sages qui statuera sur leur apothéose , sera-t-elle encore elle-même enveloppée de langes, sommeillant dans le berceau , à la veille de pouvoir begayer quelques sons foiblement articulés ?

Plus justes et plus respectueux envers l'espèce humaine , nous la regardons comme parvenue, notamment en France , à un très-haut dégré de perfectibilité en tout genre. L'hommage qu'elle rend à son Dieu, depuis près de six mille ans , est parfaitement raisonné ; son adoration fortement sentie; son espoir solidement conçu et sagement calculé.

Déjà , trois cens ans après que les enfans de Lamech eurent inventé les arts, vers l'an du monde 1050 , que *Jabel*, inventa l'art de faire des tentes, et de conduire des troupeaux ; que *Jubal* inventa les instrumens de musique à vent et à cordes, la harpe et l'orgue ; que *Tubalcaïn* , inventa l'art de travailler du marteau , de faire toutes sortes d'ouvrages en fer et en cuivre ; que *Noëma*, sa sœur, inventa la manière de filer , et de faire la toile et des etoffes de laine : trois cens ans , dis-je , après toutes ces découvertes utiles , mentionnées au chap. 4 de la Génèse ; déjà les Chinois , vers l'an du monde 1350 , fondoient leur antique et vénérable empire , commençoient à cultiver les sciences et les arts, en sorte que par le moyen de leur généalogie dont j'ai parlé, page 340 , ils trouvent moyen de placer dans le cercle de quarante-quatre siècles , leurs élégans édifices, leurs nombreux canaux , la hardiesse de leurs ponts, la délicatesse de leurs ouvrages en soie , la finesse de leurs teintures et la hauteur merveilleuse de leurs tours de porcelaine : comme eux nous pla-

çons, depuis quarante-huit siècles, mille ans après
la création décrite par Moyse, tout ce qu'il y a
de beau, de merveilleux dans l'univers savant. Les
arts decouverts six cens ans avant le déluge, sont
passés avec leur perfectionnement de six siècles,
dans la personne de Noë et de ses six enfans, après
le dessèchement des eaux; et sont ainsi parvenus
jusqu'à nous, toujours en croissant depuis 42 siècles.

Les Chinois comme les peuples d'Europe, sont donc
sortis depuis long-temps de leur état d'enfance, malgré que selon eux et selon nous, le monde n'ait pas
encore dans sa durée, complété six mille ans d'existence. M. Lalande, avilit donc bien mal-à-propos les
hommes, en disant que le monde est éternel, et que
tous les habitans de la terre sont encore dans l'état
d'enfance. Oseroit-il dire, quand on lui en proposeroit
le défi personnel, que sous les chefs-d'œuvres en
tableaux et en statues que nos brillantes victoires
ont de toutes parts réunis au Musée Napoléon de
Paris, ne sont que des griffonages informes, et des
ciselures hazardées d'enfans? La toile et le marbre
prendroient soudain un ton vengeur, pour l'altérer
et le coufondre. Les écoles d'Athènes et de Rome,
ne feroient qu'une acclamation commune avec les
savans artistes modernes de Paris, pour demander
au savant héros Napoléon, prompte et sévère justice
de si impudentes et de si atroces injures.

Privé de l'honneur d'être compté parmi les savans,
je ne dois ici prendre aucune part à leur indignation; mais je me crois du moins assez judicieux et
assez de bonne foi, pour dire, que si jamais j'avois
eu la folie d'avancer, que le monde actuel, si abon-
dant en savant renommés, est encore dans l'enfance;
je prierois mes lecteurs de croire, que moi-même je
serois rentré dans l'état de ma première et de ma plus
imbécille enfance.

Il est vrai que pour excuser son systême étrauge,
il le traite, page 68, « d'opinion métaphysique, qui
ne doit pas empêcher, dit-il, le respect dû à la Religion, mais à l'âge de 74 ans, ne sait-il pas qu'il

ne peut y avoir aucun respect pour la Religion, quand il n'y a plus de Religion ? quand on en a anéanti le divin auteur ? Il sappe les fondemens de la Religion, il en détruit tous les principes, en bannit les maximes saintes, et il veut qu'on la révère ? Ah ! c'est plutôt pour la rendre humaine et chimérique, et faire ainsi place à ses affreuses conceptions !

S'il est tellement frappé des traits d'une bizarre originalité, que ces affligeantes idées trouvent accès dans son cœur ; il doit les repousser et les combattre avec courage. L'homme sage n'ouvre point des opinions bizarres, quand sur-tout elles sont dangereuses à l'état ou à la généralité des humains. S'il les concentre en soi-même, sans les rejetter, il est le plus cruel ennemi de soi-même et de son propre bonheur ; s'il les divulgue, s'il les publie ; loin d'être un sage, il est plus bourreau que philosophe ; il creuse sous les pas des humains, qui sont ses frères, l'abyme éternel du malheur ; il porte la coignée à l'arbre de l'ordre social.

Cependant son instinct machinal, (page 81,) et son amour propre (page 76,) le portant à être humain, sensible et bienfaisant envers ses semblables, comme il en fait parade, (page 88,) il s'est effrayé de voir, qu'en leur enlevant la croyance en un Dieu bon et rémunérateur, il leur enlevoit le bonheur le plus parfait, le plus durable, le plus satisfaisant que l'on pût jamais comprendre et espérer. Pour se soustraire aux justes cris d'une indignation générale contre son rapt sacrilège, il cherche dans les rêves d'une imagination troublée, un autre genre de bonheur, qu'il ne place pas dans les vils plaisirs voluptueux des sens, comme Epicure et Mahomet ; ni dans les excès du vin, comme Bacchus ; ni dans la rapace jouissance des richesses, comme Plutus ; mais dans une espèce de paix, qu'il faut acquérir par les lumières, la science et la vérité, (pages 74, 75 et 76). Voyons si par ce nouveau présent de sa main, il nous a bien dédommagé de notre perte.

1°. Pour arriver au bonheur de cette paix, il faut
d'abord posséder les *lumières* ; mais il dit page 74,
qu'il n'y a qu'un petit nombre de philosophes qui en
soient dépositaires ; son bonheur n'est donc fait que
pour un très-petit nombre d'hommes. Voilà donc au
moins, sur un million d'hommes, neuf cent quatre-
vingt-dix-neuf mille malheureux, mécontens, inca-
pables d'atteindre son bonheur.

2°. Il faut avoir la *science*. Mais depuis une éter-
nité, selon lui, que dure le monde, il est le premier qui en ait déposé le germe, (page 76,) il
n'y a donc pas eu d'hommes heureux avant lui, lui-
même ne l'est pas encore, puisqu'il ne fait que de
déposer le germe de la science.

3°. Personne avant lui non plus, n'a pu atteindre
dre la *vérité* ; puisqu'il dit avoir détruit Dieu, pour
mieux chercher la vérité qu'il n'a pas encore trouvée,
(page 77). Si son bonheur n'est pas une chimère,
un galimathias, ou le vain effet d'un orgueil exces-
sif ; du moins est-il démontré que personne avant lui
n'a pu en jouir, ni lui-même qui en fait le pompeux étalage. Tous les hommes avant lui ont donc
été souverainement malheureux, et lui-même avec
eux est encore toujours courbé sous le poids du malheur. Quel triste monde qu'il nous présente, quoiqu'il le dise éternel et infini ! (page 83). O !
Français, si dignes d'être heureux, que direz-vous
de ce pauvre philosophe qui n'a pas encore pu placer
le bonheur sur aucun de vous ni sur lui-même !
après vous avoir enlevé votre Dieu, il vous a laissé
dénués de tout, et réduits à la désespérante et cruelle
impossibilité de jouir jamais d'aucun autre bonheur ;
car celui qu'il propose à la place d'un Dieu bon
qu'il a répudié, est impossible, par l'extrême difficulté des trois conditions préalables que rigoureu-
sement et malignement il exige pour y arriver. Selon lui, et selon ses bizarres principes, il faut 1.° ras-
sembler dans un sûr foyer, des milliers de rayons
de lumière, épars dans tout l'univers. 2°. Il faut
sonder les innombrables et laborieuses profondeurs

de toutes les sciences. 3.º Il faut parcourir tous les sentiers tortueux, âpres, escarpés et difficiles de la recherche de la vérité : alors et seulement alors, selon lui, vient le repos ou la paix qui fait le bonheur. Mais jusqu'ici personne ne fut capable de ces immenses travaux. Lui seul dans le monde, dit-il, en a approché de plus près, il est parvenu enfin, à l'âge de 74 ans, à en acquérir le commencement et le *germe :* il ne connoît pas encore, tout savant qu'il soit, la centième partie des objets scientifiques, nécessaires au bonheur..... Le soleil baisse, il va mourir, sans avoir atteint ce précieux bonheur : qui donc après lui sera le premier qui soit assez savant pour en jouir ?

O ! vous guerriers Français, sauveurs généreux de la patrie ! gardez-vous de fonder l'espérance de votre considération sur l'athée ; il n'a point de bonheur pour vous : il faudroit que vous fussiez savans ; et vous n'êtes que valeureux et invincibles ; vous n'êtes que des héros.

La Religion plus juste, plus riche, plus magnifique, révère et apprécie votre bravoure ; au nom du Dieu des Armées, elle chante et bénit vos exploits ; elle vous associe à ses martyrs, vous mourez pour la défense de la patrie, comme les martyrs pour la défense de la foi : etc., elle vous place glorieusement dans la demeure éternelle du roi des Cieux, (page 194 de l'ouvrage,) et notre athée astronome, méprisant vos faits héroïques, (page 76, de son dictionnaire,) et maudissant vos exploits, si dignes néanmoins de l'immortalité, vous enfouit dans un oubli éternel avec l'âne, le tigre et le mulet. Que l'athée est à plaindre, d'être aussi cruellement et si universellement l'ennemi du genre humain !

A côté de ce prétendu philosophe, qui n'a de la sagesse, que le masque hypocrite et trompeur, que l'évangile est beau ! qu'il est consolant !.... ce livre divin répand sa félicité sur tous les mortels de tout âge, de tout état, de toute condition, etc... Déjà il fait goûter cette félicité à l'enfant dans les bras

de sa nourrice, lorsqu'elle l'invite amoureusement à révérer dans son jeune cœur, le Dieu tout-puissant, qui
donne au soleil sa lumière et son éclat. Ce bonheur
s'aggrandit avec l'âge, par les pratiques sanctifiantes de la
Religion ; et à la mort, tandis que l'athée désespéré,
n'entrevoit que le néant ou l'abyme, la jouissance
d'un bonheur sans fin se présente aux regards empres-
sés de l'homme religieux, occupe son ame extasiée,
et termine sa vie par des soupirs consolans. L'évangile fait plus : il va jusqu'à descendre dans le cœur
de l'homme qui souffre. Il lui dit, en lui montrant
les brillantes avenues du palais du Dieu rémunérateur : « Bienheureux ceux qui pleurent, car ils seront
« consolés, » et tout en prononçant ces paroles, il lui
donne le gage le plus sacré de cette félicité future,
en transformant toutes ses peines en une joie in-
térieure qui surpasse toute expression, et lui fait
dire sans cesse, dans un transport ravissant, avec
l'apôtre des nations : « mon cœur est comblé de joie,
» je suis rempli de consolation parmi toutes mes souf-
» frances : telles grandes que soient mes peines ; jamais
» elles ne sont comparables au dégré de joie que je
» ressens! 2. cor. ch. 7. » Et vous, artisans laborieux et
paisibles, qui formez les quatre-vingt-dix-neuf cen-
tièmes de l'espèce humaine, conservez dans votre
cœur, le Dieu de vos ancêtres ; ne permettez pas au
sacrilège athée de vous l'enlever.... Les sueurs dont
chaque jour vous arrosez la terre, sont pré-
cieusement recueillies ; tous vos momens de fa-
tigues sont comptés ; vos pieux soupirs sont connus ;
votre offrande, faite chaque jour au maître souverain des destinées, par une courte et fervente
prière, est constamment accueillie avec faveur ; tandis que votre front toujours penché vers la terre, vos
bras avec efforts, ouvrent son sein pour alimenter votre
famille ; une voix consolante vous dit : *qui travaille,*
prie ; qui travaille, se sanctifie. Artisan religieux,
tes travaux ne finiront qu'à la mort ; mais la récompense qui les suivra dans une meilleure vie, sera
interminable, infinie, éternelle. Tes ossemens seront
déposés

déposés près de ceux de tes pères, et ton ame ira
prendre près d'eux, jouissance de leur bonheur. Tes
chairs revivront un jour avec les leurs, (comme les
grains semés pourissent et renaissent sur nos campagnes) pour compléter à jamais la juste récompense
de l'ame et du corps, qui ont ensemble sur la terre,
béni le même Dieu de miséricorde et de bonté.

Hélas ! vertueux cultivateurs, si vous vous laissiez
surprendre aux pièges trompeurs de l'athée qui,
(page 80,) compare la Religion aux *contes de
Fées*, et à la *Barbe Bleue* ; vous seriez bien mi-
sérables pendant toute cette vie, sans consolation
comme sans espoir; et vous n'auriez à la mort, que
la triste destinée de pourir sur votre fumier, avec
les animaux domestiques dont vous avez à déplorer
la perte !

Dans un ouvrage qui a pour objet la *Réunion des
Cultes*, je devois employer tous les moyens possibles
de ramener les athées : sur l'ouverture que je fis de
mon courageux dessein, à un savant de mes amis,
il me représenta que ma manière franche de peindre
mon zèle brûlant, pourroit me nuire en me privant
du prix d'astronomie, au cas que ma découverte nouvelle de la grosseur d'une étoile, (page 151,) dût
mériter la préférence sur toutes les autres découvertes astronomiques de l'année. Mon ami, lui répliquai-
je, mes vues sont droites et généreuses ; je n'ai traité
de la grosseur d'une étoile, et l'idée ne m'en est
venue que par circonstance, en ce que le volume
immense de ces globes lumineux, offroit à mes yeux,
un poids accablant de gloire qui opprimoit les athées,
et rehaussoit singulièrement la majesté du maitre
de l'univers. Si l'Institut trouve que ma découverte
soit de nature à mériter ce prix annuel dont vous
me parlez, je l'accepterai avec reconnoissance, de
la part d'une si respectable assemblée, me confiant
entièrement à la maturité de son jugement : mais un
prix plus riche que j'ai constamment devant les yeux,
en combinant ces merveilles célestes, c'est la récompense infinie, ineffable et incompréhensible que j'espère de

10

la part du très-haut, pour avoir glorieusement, contre
ses plus fiers ennemis, vengé son eternelle existence.

Par le même motif religieux et fraternel d'arracher du cœur de l'athée sa folie d'athéisme, je joins
ici une nouvelle réflexion propre à embellir et à
défendre contre les atteintes des siècles, le tableau
des grandeurs de Dieu. J'ai dit, (page 132,) que
le systême du mouvement de la terre, médité pendant trente ans, par le prêtre Copernic, donnoit aux
merveilles du créateur, un accroissement immense,
dans la proportion *d'un à dix-sept mille cinq cens;*
Que les opinions contraires étoient comparables à
une petite boule de cristal de la grosseur d'un grain
de chapelet, dont la capacité (de deux lignes de
diamètre) pourroit contenir cinq à six fourmis ; mais
que le systême merveilleux de Copernic présentoit une
boule de 223 pieds de diamètre, qui dans le creu
de sa sphère diaphane, contiendroit toute la vaste
Eglise de Notre-Dame de Paris, surpasseroit de 43
pieds toute la hauteur des tours, et laisseroit à
chaque flanc extérieur de cette majestueuse basylique, un vuide de 50 pieds.

Pour assurer cette énorme différence de proportion, il faut aussi assurer les principes de Copernic,
qui fait tourner la terre au lieu du soleil. L'étude
que j'ai mise à répondre au dictionnaire de notre
astronome athée, me suggéra sur ce sujet une nouvelle réflexion au sujet des phases de la lune, qui
me paroît infaillible, sûre, évidente et sans replique, en même tems qu'elle est familière, amusante,
à portée de convaincre et d'édifier le peuple qui n'a
pas le loisir ni le talent de sonder les profondeurs
des cieux, ni d'etudier les éphémérides.

Il est vrai que l'aberration des étoiles dont j'ai
parlé, (page 107 et 123,) prouve évidemment le
mouvement de la terre; mais cette preuve n'est guère
sentie que par les savans. Car, 1.º il faut concevoir
qu'il est impossible qu'elle existe avec l'immobilité
de la terre, ou le mouvement du soleil ; 2.º il faut
saisir le mouvement de la lumière qui fait en un

demi quart d'heure, 35 millions de lieues : 3.° il
faut aussi en même tems se souvenir que la terre,
en un demi quart d'heure, fait de son côté 2,953 lieues ;
4.° il faut comprendre, que par les deux mouvemens opposés de la lumière et de la terre, il existe,
non pas un angle, mais une apparence d'angle, qui fait
rapporter l'étoile à vingt secondes d'espace loin de son
lieu vrai ; 5.° que le mouvement seul de la lumière,
non plus que le mouvement seul de la terre, ne peut
produire cette charmante illusion ; 6.° qu'il faut le
concours simultané de ces deux mouvemens qui ne
doivent point être dans le même sens, mais opposés,
ou fort disparates. Cette preuve qui de physique,
devient métaphysique et mathématique, ennoblie de
toute la richesse de l'évidence, n'est malheureusement conçue que par un très-petit nombre d'hommes.
Elle suffit, sans doute, pour certifier la chose ;
mais elle laisse à désirer l'édification que le commun du peuple pourroit en retirer.

La preuve que j'annonce de la certitude du mouvement de la terre, par les phases de la lune, a le
gracieux avantage de pouvoir être comprise par les
ignorans, comme par les savans ; le dernier des
pâtres de nos campagnes la touchera de son doigt
laborieux, comme le plus instruit des membres de
l'Institut de Paris, la pénétrera de son œil savant : et
l'un et l'autre à l'envi, dans son allégresse, en bé-
nira la majesté du maître de l'univers.

Si le soleil au lieu de *paroître* tourner autour de
la terre, y tournoit *vraiment ;* nous verrions nécessairement tous les jours les huit phases de la
lune ; c'est-à-dire, que d'un minuit à l'autre minuit,
nous verrions 1.° nouvelle lune ; 2.° le premier
croissant ; 3.° le premier quartier ; 4.° le deuxième
croissant ; 5.° la pleine lune ; 6.° le premier déclin ;
7.° le dernier quartier ; 8.° enfin, le second déclin :
en sorte qu'au lieu que ces huit phases ne se voient
et ne doivent se voir qu'en vingt-huit jours successivement, dans le système du mouvement de la terre,
elles se verroient tous les jours, dans l'espace de

vingt - quatre heures , si le soleil tournoit : car
le soleil , en tournant tous les jours autour de la
terre , à la distance de 35 millions de lieues , tourneroit également au tour de la lune, qui ne tourne
en 28 jours autour de la terre , qu'à la distance de
86 mille lieues. Les phases opposées , au lieu d'être
de 14 jours de distance l'une de l'autre , ne seroient
que de 12 heures : la nouvelle lune étant à midi ,
la pleine lune seroit à minuit ; le premier quartier
au matin , le dernier quartier seroit au soir. Le matin les pointes du croissant de la lune seroient tournées vers l'orient ; et le soir, les pointes du décrois-
sant ou déclin seroient tournées vers l'occident , selon
ces deux vers anciens :

Cornua crescentis lunæ vertuntur in ortum ,

Si sit decrescens, occasum cornua cernunt.

Si le soleil tourne , par exemple , le jour de la pleine
lune de Pâques de cette année, (qui selon l'almanach , tombe le jeudi Saint à huit heures du matin ,)
le dernier quartier sera à deux heures après midi ;
la nouvelle lune à huit heures du soir ; et le premier quartier à deux heures du vendredi matin :
si au contraire , la pleine lune paroît comme à
l'ordinaire ; nous pouvons assurer pour une vérité
claire comme le jour, que c'est la terre qui tourne , et
que malgré que dans l'office du jour de Pâques, trois
jours après , il soit dit , d'après l'évangile Saint-
Marc, c. 16, v. 2, que Magdeleine arriva au sépul-
chre, au *lever du soleil ;* on peut très- pieusement
faire son devoir paschal , et demeurer très-bon chrétien , en disant que ce fut au moment où le soleil
paroissoit se lever, parce que c'est la terre en tournant , qui nous fait *paroître* que le soleil tourne ,
se lève et se couche, quoiqu'il ne change jamais de
place.
Dans une découverte aussi piquante et aussi agréable que nouvelle , il convient de joindre le tableau

frappant d'un expérience familiére ; en voici le mé-
canisme curieux.

Que l'on plante un piquet de sept à huit pieds , au milieu d'une grande chambre bien fermée ; que sur son
sommet , on cloue une barre, au bout de laquelle on
suspendra une boule ou une pelote. Qu'ensuite on
fasse tourner un flambeau autour de la chambre assez
lentement , pour qu'il n'ait achevé son circuit qu'en
vingt-quatre heures : qu'un spectateur curieux se
place sous la barre, le dos contre le piquet, le visage tourné vis-à-vis la boule ; et il verra que cette
boule ayant été successivement éclairée de toutes
parts dans l'espace de ces vingt-quatre heures , aura
offert toutes les huit phases de la lune. 1.º Quand
le flambeau commencera par être au milieu de la
muraille qui lui fait face, la boule ne sera point
du tout éclairée, et ce sera nouvelle lune ; lorsque
six heures après , le flambeau sera au milieu de la
muraille de gauche, ce sera premier quartier, parce
que la boule sera éclairée de moitié ; six heures après,
le flambeau étant derrière lui , la boule à ses yeux,
sera totalement éclairée , et ce sera la pleine lune ;
lorsqu'enfin six autres heures se seront écoulées ,
et que le flambeau sera parvenu vers le milieu de la
muraille qui est à sa droite, la boule sera encore
éclairée de moitié , et ce sera le dernier quartier.
Les deux croissans et les deux déclins s'observeront de même , à mesure que le flambeau répondra
successivement au quatre coins de la chambre , et
ce sera l'aspect parfait des huit phases de la lune,
qui tous les jours reparoîtroient de nouveau , si le
soleil tournoit autour de la lune en 24 heures , comme
cette grosse chandelle tourne autour de la boule.

Le piquet planté au milieu de la chambre , représente la terre ; la boule, la lune ; et le flambeau allumé, le soleil. Il n'est pas un seul homme dans l'univers
entier, qui ne puisse faire cette expérience, et qui
n'ait la facilité de se convaincre par ses propres
yeux, que le soleil ne tourne pas ; parce que s'il
tournoit , tous les humains verroient infailliblement

dans tous les pays du monde, à toutes les saisons ?
et tous les jours, les huit phases de la lune, comm[e]
on les voit successivement sur cette pelote éclairé[e]
par le flambeau. J'observe que si le flambeau faisoi
le tour de la chambre en une heure, on verroi
chaque quart d'heure, une des quatre grandes phases
qui sont nouvelle lune, premier quartier, pleine
lune et dernier quartier.

Si la chambre étoit assez grande, on pourroit mettre la pelote au bout d'une barre de cinq pieds et
deux lignes, qui font le nombre de quatre-vingt-six
lignes, à l'effet de se représenter plus pathétiquement
la distance de la lune, qui est de 86,000 lieues.

J'avois déjà, sans y réfléchir, jetté l'idée de cette
découverte, page 172, où j'ai dit que dès que la lune
tournoit autour de la terre, en lui présentant toujours
la même moitié, éclairée ou non éclairée, devoit
être vue en entier, de toutes parts et tour-à-tour
par tous les astres du ciel ; il m'eut fallu seulement ajouter alors une distinction importante,
en disant, que dans le système du mouvement de la
terre, la lune ne se montroit et n'étoit éclairée successivement en entier que tous les vingt-huit jours,
comme on l'observe depuis l'origine du monde ; et
que dans le système du mouvement du soleil, elle
devroit se montrer éclairée successivement de tous
les côtés, tous les jours, et à tous les astres des
cieux qui l'environnent, et à tous les habitans de la
terre, qui verroient constamment toutes ses phases,
en vingt-quatre heures, selon la lumière qu'elle reçoit du soleil, et qu'elle réfléchit vers nous ; chose
qui ne s'est jamais observée : d'où l'on conclud par
l'évidence de la terre et des cieux ; par le témoignage de tous les tems et de tous les siècles ; par
l'expérience de tous les hommes qui ont existé depuis l'origine du monde, que c'est la terre qui tourne
et non le soleil.

C'est ici le cas d'observer, que s'il y a des habitans dans la lune, la moitié d'entr'eux ne voient
jamais la terre, et l'autre moitié qui est toujours

tournée vers nous, la voit toujours, et voit aussi
en 28 jours successivement toutes les phases de la terre
éclairée par le soleil, avec toute fois cette différence,
que le globe terrestre étant trois quarts plus gros
que celui de la lune, ils reçoivent de la terre trois
fois plus de lumière que nous n'en recevons de la
lune ; que leurs nuits sont trois fois plus brillantes
que les nôtres ; et que les phases de la lune sont opposées à celles de la terre. C'est chez eux pleine terre,
à la nouvelle lune ; et pleine lune à la nouvelle terre,
comme je l'ai déjà dit, page 285. Mais le soleil ne
tourne, et ne peut tourner, ni pour l'une ni pour l'autre.
Les cieux sont inépuisables en merveilles, sur tout
envers un cœur droit, qui les considère dans l'intention de fortifier son hommage envers leur divin auteur.

Pour mieux fixer la mémoire sur l'intéressante
preuve du mouvement de la terre par les phases de
la lune qui jettent de si glorieux faisceaux de lumière
sur l'immensité des cieux à la gloire d'un Dieu créateur, voici quatre vers latins et quatre vers français
qui en accomplissent l'idée.

> Lunæ octò phases jamjàm spectabo diebm
> Per girum cœli mòx ut sol vexerit axim :
> Terra sed à sæclis constanter permeat orbem,
> Undè fit ut pergant phases decurrere mensem.

> Soudain que le soleil parcourra ses occases,
> De la lune en un jour je verrai les huit phases :
> Mais la terre en tournant, par d'immuables loix,
> Laisse aux phases leur cours révolu chaque mois.

Phase est un mot grec qui signifie *apparence :*
ou s'en sert en astronomie, pour marquer les divers-
ses apparences de la lune, ou les huit diverses ma-
nières qu'elle nous paroît éclairée selon les différentes
directions de la lumière qu'elle reçoit sur sa moitié
constamment tournée vers nous.

La nouvelle lune n'offre à nos yeux, dans sa parfaite rondeur, aucune portion de la lumière *directe*

du soleil : elle paroît gri atre ou cendrée, et c'est
la terre qui lui donne cette foible teinte par une
partie de la lumière solaire qu'elle réflechit sur le
disque lunaire, qui à son tour, par une nouvelle réflexion et une nouvelle déperdition, nous donne cette
couleur pâle et atténuée. Si la nouvelle lune se trouve
tellement entre le soleil et nous, qu'elle produise
une éclipse de soleil ; elle paroît absolument noire,
parce qu'alors sa moitié toujours tournée vers nous,
ne reçoit de lumière d'aucune part : ni directe ni ré-
fléchie ; ni du soleil ni de la terre.

La pleine lune paroît totalement éclairée de la lumière *directe* du soleil.

Le premier *croissant* et le second *déclin* tiennent de la pleine lune par leur faucille blanche ; et
ils tiennent de la nouvelle lune, par leur partie
intériéure cendrée et roussâtre, que les astronomes
appellent *pénombre*, c'est-à-dire, presqu'ombre, qui
tient le milieu entre le clair - blanc et le noir ténébreux parfait, qui se rencontre dans une éclypse
de soleil.

Les divers desseins noirâtres, qu'on voit sur les
deux quartiers et sur la pleine lune, sont des vallées,
des cavités, des forêts ou d'autres objets sombres
répandus sur sa surface, qui en absorbant une forte
partie de la lumière directe du soleil, n'en réfléchissent qu'une petite portion à nos yeux.

Le mot *occase* est un mot dérivé du latin *occasus*,
en usage seulement chez les astronomes, pour marquer les divers points de l'horison où le soleil paroît
se coucher, depuis le 21 juin jusqu'au 21 décembre,
par une direction suivie, qui nous paroît tous les jours
changer de droite à gauche ; et depuis le 21 décembre jusqu'au 21 juin, par un retour de gauche à
droite, à peu prés comme la déclinaison boréale et
méridionale dont j'ai parlé, page 167, à l'occasion
du gnomon de l'église de Saint - Sulpice de Paris ;
c'est-à-dire, de l'étendue de 45 dégrés, réciproquement d'un tropique à l'autre. Je dis, qu'aussitôt que
le soleil parcourra *vraiment* l'un de ces points de 45
dégrés

dégrés de l'horison des deux zones torrides, je verrai chaque jour les huit phases de la lune, au lieu de ne les voir que dans l'espace d'un mois lunaire, qui est de 28 jours, pendant lesquels la lune accomplit son cours autour de la terre.

Il n'est point vrai que le soleil se couche ; mais il est vrai qu'il *paroît* se coucher ; il n'est point vrai qu'il se lève ; mais il est vrai qu'il *paroît* se lever : il n'est point vrai qu'il tourne autour de la terre ; mais il est vrai qu'il *paroît* tourner. Le peu d'hommes qui resteroient aujourd'hui attachés au système du cours du soleil, par un respect scrupuleux envers l'écriture qui dit que le soleil tourne, monte vers le midi, se lève, se couche ; ... doivent facilement se dégager de leur délicatesse de conscience, en expliquant avec les astronomes, toutes ces expressions par *l'apparence* ; si elles réfléchissent sur-tout, qu'elles-mêmes sont, de leur propre aveu, obligées d'expliquer d'autres endroits des Livres Saints, par *l'apparence* ; car l'étoile qui, Mat. 2, a conduit les mages à Bethléem, n'étoit pas une étoile, mais *paroissoit* être une étoile ; elle n'étoit qu'un météore igné, ou une inflammation dans l'air, semblable aux étoiles qui *paroissent* tomber du ciel, lorsque c'est signe de pluie. Ce météore miraculeux qui *paroissoit* être une étoile, éclairoit les Rois mages le jour comme la nuit ; suspendit son apparition tout le tems que les princes voyageurs furent chez Hérode ; reparut lorsqu'ils sortirent de Jérusalem ; enfin s'arrêta sur une étable de 30 ou 40 pieds quarrée, pour disparoître ensuite tout de bon. Toutes circonstances qu'il est impossible d'appliquer à une vraie étoile, et qui s'entendent facilement d'une inflammation formée dans l'air en forme d'étoile. De même quand l'évangile dit en Saint-Mathieu, chap. 24, v. 184 qu'à la fin du monde, les étoiles tomberont des cieux, il parle des inflammations nombreuses dans l'air qui *paroîtront* être des étoiles qui tombent ; car une étoile qui est éloignée de la terre, de 432 mille fois 35 millions de lieues, et qui a plus de deux cent millions de

† C'est à dire de 15 milliards 120 millions de lieues de distance de la terre, et 200 millions de fois plus grosse. une étoile est 200 fois plus grosse que le Soleil. le Soleil a 1300 mille lieues de Circuit. la terre

lieues de circonférence, ne peut pas tomber sur la terre, qui n'a que neuf mille lieues de tour. Une étoile qui est deux cent fois plus grosse que le soleil, qui lui-même a plus de treize cent mille lieues de circuit, ne pouvoit pas conduire les mages à une telle proximité de la terre, qui n'a pas dix mille lieues de tour, et qui auroit mille fois, de ses feux, consumé tout notre globe, avant d'en approcher de si près. Cette étoile ne pouvoit donc être qu'une *apparence* d'étoile, un corps enflammé dans l'air, qui conduisit les Rois qui ont été adorer Jésus dans l'étable, en lui offrant les présens dignes du maître des Cieux, dont un astronome de Paris, devoit dix-huit cens ans après, entreprendre de nier l'existence, en se rangeant dans la même étable, avec l'âne et le bœuf. (Voyez page 121.)

O ! si sa pieuse mère pouvoit revivre un instant pour lui donner à ce sujet, les mêmes marques du tendre amour, dont elle avoit nourri sa jeunesse !
« Mon fils, lui diroit-elle, depuis le tems que vous êtes
» devenu savant astronome, vous vous dites semblable
» aux animaux, et vous êtes en même tems devoré d'une
» soif brûlante de réputation d'homme célèbre ; vous la
» recherchez par tous les moyens possibles, afin
» qu'il soit dit, qu'on parle de vous après votre mort.
» Mais les animaux, au niveau desquels vous vous
» ravalez, par l'athéisme, (page 84 du dict.) n'ont
» point cette soif de la gloire, parce qu'ils n'ont pas
» comme les humains, le désir inné d'une existence
» future après le tombeau. Si vous croyez que comme
» eux, votre fin dernière soit d'avoir vos chairs dé-
» vorées par les chiens, becquetées par les oiseaux
» ou rongées par les vers ; comme eux aussi, n'ayez
» aucun amour de célébrité ni de gloire. Si au con-
» traire une mémoire brillante dans la postérité, con-
» tinue d'avoir pour vous les mêmes attraits ; dis-
» tinguez-vous donc des animaux !.... reconnoissez,
» bénissez comme je vous l'ai recommandé, dès votre
» plus tendre enfance, le Dieu qui vous a formé dans
» mes flancs ! moi-même plus que vous je désire

» votre gloire ; placez - là dans le courage d'une con-
» version prompte et sincère ; imitez le grand Augus-
» tin, l'homme le plus savant de son siècle, dont
» le retour vers son Dieu, fut depuis douze cens ans
» aux yeux de la judicieuse postérité, le trait
» le plus glorieux de toute sa vie. Soyez grand ;
» mais sanctifiez votre grandeur ; ou craignez qu'on
» ne dise de vous comme de tant d'autres : ils sont
» loués et vantés en ce bas monde, où ils ne sont plus ;
» et des tourmens affreux les déchirent où ils sont.
» *Laudantur ubi non sunt, cruciantur ubi sunt.* »

Il dit page 81, qu'il pleure son père depuis 40
ans ; puisse-t-il être sensible aux soupirs d'une mère
tendre qui comme une autre Monique, veut par ses
larmes, donner une nouvelle naissance à son fils.

Un honnête bourgeois de Paris, me disoit il y a
peu de jours, qu'il étoit étrangement surpris, qu'un
homme savant tel que M. Lalande, n'ait pas pu
soutenir la lecture de l'histoire universelle du grand
suet, et qu'au contraire en *fermant le livre dès la première page*, il l'avoit rejetté avec fureur, (page 83). Je
lui répondis que ce chef-d'œuvre de l'littérature, d'histoire, de précision, de classement d'idées et de faits,
devoit nécessairement et souverainement lui déplaire :
car pour être athée à son aise : il faut, que selon le
torrent impétueux de *l'amour propre*, selon l'aiguil-
lon pressant du *besoin*, selon l'irrésistible attrait de
l'instinct machinal, selon l'anéantissement solemnel
de *la liberté*, (page 85 ,) il n'y ait aucun crime dans
le monde ; que tout soit vertu : dès lors, il ne faut
pas de maître souverain pour réprimer le méchant,
ni pour récompenser l'homme probe. Les juges
même sur la terre, en punissant le voleur, l'in-
cendiaire et le meurtrier, ne sont que des tyrans,
des imbécilles et des bourreaux.

Le sage Bossuet, en établissant, dès la première
page de son livre, le tribunal sévère de la justice
de Dieu, devoit sans le vouloir écraser l'athéisme ;
voilà pourquoi notre faiseur de dictionn. s'est plaint
si amèrement que Bossuet anéantit la raison hu-

maine.... qu'il fait de la divinité le monstre le plus
exécrable. Enfin, dans la fureur qui l'agite, notre athée
va jusqu'à dire : « Que le plus sûr moyen de faire le
plus de mal aux humains , c'est de leur dire : *il y
a un D.eu* ».

Je ne répondrai point à ces affligeantes expressions ;
j'observerai seulement , que si comme il le veut ,
tout étoit vertu dans le monde , il est bien surpre-
nant qu'il change si souvent de domestiques , par
la raison , qu'il les trouve toujours remplis de dé-
fauts. Si les hommes sont si bons , si parfaits qu'il
le prêche ; qu'il laisse donc constamment ouverts sa
cassette et son coffre fort ; qu'il dise à sa ménagère,
qu'il lui est permis de tromper dans le prix des provisions de sa cuisine ; qu'il n'est point défendu d'y
mêler le poison, et que c'est simplement un tour de gen-
tillesse, que d'emporter adroitement la bourse du maître.

Il consent qu'il y ait un Dieu , pour empêcher
qu'on attente à ses propriétés ou à sa vie : (page 88) et
il ne veut plus qu'il y ait un Dieu pour lui dicter la
chemin de la vertu , et pour le punir. Ce Dieu sage
et vengeur , seroit un *monstre exécrable.*

Sans frein , sans loix, sans dieu, sans foi , sans destinée :
Semblable au chat, au chien, au loup..... voilà l'athée.

L'objet ne pouvant contribuer à l'accroissement des
grandeurs de Dieu, je ne me suis pas occupé de savoir si dans la supposition impossible que le soleil
tournât, les huit phases journalieres de la lune ne
souffriroient pas quelque trouble , quelque désordre
ou quelques varietés à cause du mouvement conti-
nuel de la lune qui emploie constamment 28 jours
à terminer sa période autour de la terre.

Mais il est une expérience importante et précieuse
que j'aurais tentée, si j'en avois été capable, c'est
de savoir par des observations multipliées et scrupu-
leusement suivies , s'il n'y a pas dans le cours de
chaque mois lunaire, quelques petites diminutions
ou augmentations sur les bords éclairés de la lune,

qui aient avec le mouvement de la terre des rap-
ports tellement essentiels , qu'il soit impossible de
les expliquer , dans le système du mouvement du
soleil. C'est ce que j'ai l'honneur de demander à
M. le Président de la première section de l'Institut ,
chargé des découvertes astronomiques ; je lui envoie
en même tems mon ouvrage entier de 400 pages ,
pour l'acquit du respectueux devoir dont je lui suis
comptable , en lui soumettant mes deux découvertes, tant sur la grosseur d'une étoile, pages 98, 151
et 277 , que sur les phases de la lune , page 317.

S'il arrive que MM. de la Société d'astronomie
de Paris , par des calculs comparés, infiniment difficiles, abstraits et profonds, trouvent dans le limbe
de la lune , les diminutions ou augmentations dont
j'établis l'hypothèse, cette preuve nouvelle du mouvement de la terre , ne seroit , sans doute , qu'à la
portée de peu de savans , comme celle de l'aberration des étoiles , pages 107 et 223 ; mais du moins
toutes deux réunies à celle de l'expérience facile de
ma chambre obscure avec le piquet , la boule et
le flambeau que tout le monde comprendra , formeroient comme trois haies de défense ou trois
murs de circonvallation inexpugnable qui tranquil-
liseroient triplement tous les humains , sur la certitude de pouvoir s'abandonner , par le beau systême de Copernic, aux plus sublimes vues d'admiration et de méditer avec plus de satiété les merveilles et la gloire extérieure d'un Dieu , qui par
l'appareil de sa plus haute magnificence , vous fait
d'autant mieux savourer la douce confiance de recevoir un jour de sa main une récompense digne de
sa grandeur.

Une fois qu'on se sera familiarisé avec l'expérience
de ma chambre close , au sujet des phases de la
lune, on pourra facilement étendre la même preuve
aux phases de *Venus*, dite l'étoile du berger , d'un
dixième moins grosse que la terre et trente trois fois
plus proche du soleil. Toutes ses phases que le télescope découvre en forme de croissant , d'ellypse ou

d'ovale, s'observeroient tous les jours, si le soleil tournoit, au lieu que leur apparence successive ne se présente en entier que dans l'espace de sa période qui est de 224 jours.

La même preuve s'applique aux quatre planètes-supérieures. Car si le soleil tourne, toutes leurs phases s'observeront aussi chaque jour; et si c'est la terre qui tourne; ces mêmes phases ne paroîtront qu'une seule fois successivement, pendant le circuit que toutes ces planètes font autour du soleil; *Mars*, à sa distance de 52 millions de lieues, ne montrera toutes ses phases qu'en un an et 321 jours; Jupiter, à la distance de 173 millions de lieues, en 11 ans et 316 jours, Saturne éloigné de 327 millions de lieues, en 26 ans et 162 jours; enfin, Herchell, dans son éloignement de 659 millions de lieues, en 84 ans et 29 jours.

Je vais rendre sensible ce que je dis, par l'expérience de ma chambre fermée : supposons que les quatre murs étant postiches, comme des décorations de théâtre, s'en event tout-à-coup et rendent à la salle beaucoup plus d'étendue. Le flambeau qui par son tour en 24 heures, auroit formé les huit phases de la lune, formeroit aussi dans le même espace d'un jour, les phases de planètes qui sont beaucoup au-delà de lui; au lieu que si le soleil est immobile, c'est le mouvement même des planètes qui règle la durée de leurs phases dans l'espace de leur révolution, comme il se fait depuis l'origine du monde; ensorte que cette durée effective que je viens de décrire, étant énormément considérable, il n'est pas moins impossible aux astronomes de se tromper, avec leurs télescopes dirigés sur les planètes supérieures, qu'il ne l'est à un simple berger de se méprendre, en fixant de ses yeux, les phases de la lune en 28 jours, au lieu de les voir rapidement se succéder en 24 heures. Il est donc de la plus haute, de la plus constante et de la plus universelle évidence, 1.° que le soleil est immobile, 2.° que la terre tourne, 3.° que l'admirable système du cha-

noine de Warmie, est un objet parfaitement et ma-
thematiquement démontré. Si le soleil ne tourne point
et ne peut pas tourner pour opérer les phases de la
lune que nous observons tous les mois ; comment
tourneroit-il pour former les phases des autres planètes ? Peut-il ne point tourner , et tourner tout-à-
la-fois ? Etre immobile et ne l'être pas ? Tourner
pour l'une et ne pas tourner pour l'autre ?

A cette expérience des phases de la lune qui
frappent nos yeux tous les 28 jours , joignons celle
qui frappe dans le même tems toute la nature. L'u-
nivers entier tous les mois reçoit les influences de
l'orbe lunaire , tant sur les côtes de l'océan , dans
les marées , que sur nos plaines et nos montagnes
dans la végétation ; sur nos pierres brutes et taillées ,
comme sur les friables terres végétables de nos champs
et de nos jardins verdoyans ; sur l'épi courbé sous
le poids de son âge mûr ; comme sur la graine pro-
ductive , jettée dans le sein de la terre; sur nos
humeurs qui lubrefient nos chairs , comme sur le
sang qui coule dans nos veines.

Soyons généreux et justes : nous avons , à l'expérience des phases de la lune , construit une chambre obscure , élevons un palais au principe d'où
elles dérivent ; ou plutôt demandons à Napoléon le
scientifique , de nous laisser pour quelques instans
l'entrée libre , dans le plus vaste appartement du
plus grand monarque de l'univers. Nous n'y demandons pour tout ameublement , que le plus beau de
tous ses lustres , que nous suspendrons au milieu
du lambris doré : il voudra bien nous permettre ,
afin de mieux nous éclairer encore , de joindre aux
brillans cristaux , aux nombreuses bougies, les innombrables rubis dont ses incomparables exploits en
Germanie viennent d'orner son diadême. Rien sur la
terre ne peut mieux représenter la lumière éclatante
de l'astre du jour , comme rien non plus n'offre une
plus vive image de notre espace planétaire, que son
vaste et magnifique sallon.

Autour du lustre , seront placés à diverses distances,

huit savans qui tiendront la place des huit planètes sur lesquelles on peut plus facilement remarquer les phases, soit aux yeux, soit au télescope. Je ne puis oublier qu'aucun savant du globe ne représenteroit Mars et Jupiter aussi noblement que notre héros, qui par une manœuvre aussi nouvelle que savante, lança si épouventablement les foudres victorieuses d'Austerlitz. Chaque personnage aura sur le parquet, un cercle tracé, pour le guider dans le circuit qu'il doit faire autour du lustre.

1.º Si après qu'ils seront placés, ils sont tous immobiles ainsi que le lustre : il n'y aura point de phases d'aucune part, parce qu'ils ne seront éclairés que d'un seul côté et d'une seule manière.

2.º Pour que les savans soient éclairés de toute parts au moyen du lustre, il faut des deux choses l'une, ou que le lustre tourne autour des savans, ou que les savans tournent autour du lustre; que le lustre transporte sa lumière autour des huit savans, ou que les huit savans tournent autour de lui pour la recevoir de toutes parts.

3.º Soit que le lustre tourne autour des savans; soit que les savans tournent autour du lustre, peu importe, ce sera le même effet lumineux sur leurs corps éclairés; excepté néanmoins que ce même effet ne s'étendra qu'en différent espace de tems, analogue et proportionné à la longueur ou à la brièveté de leur orbe ou cours respectif.

4.º Voici comment on connoîtra d'une manière infaillible, d'où proviennent ces huit phases. Si c'est par le mouvement du soleil, ou par les mouvemens des planètes; on sait que si le soleil tourne autour de la terre, c'est en 24 heures. Le cours des phases en ce cas, devra aussi se démontrer sur toutes les planètes en 24 heures : il y auroit donc dans tout l'espace planétaire, si le soleil tournoit, changement de quartier, toutes les six heures. Mais l'effet en est tout-à-fait et permanemment contraire. 1º Le changement de quartier ne se fait pour la *lune*, que tous les sept jours. 2.º dans *Herschell*, tous les

22

22 ans ; 3.º dans *Saturne*, en sept ans et demi ; 4º. dans *Jupiter*, en quatre ans ; 5.º dans *Mars*, en six mois ; 6.º sur la *Terre*, en trois mois} ; 7.º dans *Vénus*, en deux mois ; 8.º enfin, dans *Mercure*, en quinze jours. Le soleil ne tourne donc pas dans l'espace planétaire, non plus que ce lustre placé au milieu de l'appartement impérial. Voilà le principe évidemment développé ; les expériences en découlent comme on l'a détaillé dans la chambre obscure ci-dessus.

Nous avons donné au savant héros, pleine satisfaction sur un *nouveau* déploiement des cieux, avec la même facilité qu'il déploie par une tactique *nouvelle*, des milliers de bataillons, avec autant de promptitude qu'il cerne des armées entières. Retirons-nous ; laissons à ce génie extraordinaire, ses momens précieux pour administrer son empire avec autant de sagesse, qu'il détruit avec impétuosité les escadrons les plus nombreux, les mieux aguéris et les plus formidables.

En sortant du Palais Impérial, je fis aux huit savans astronomes une réflexion qui m'étoit échappée dans le sallon brillant, ou du moins, que je n'avois pas assez précisée : vous connoissez mieux que moi, Messieurs, leur dis-je, que dans la supposition impossible que le soleil tournât, les phases de chacune des planètes se montreroient toutes, et uniformément en 24 heures, malgré la grande diversité de leur cours ; au lieu que le soleil étant immobile, toutes ces phases se suivent avec exactitude et précision, (comme naturellement elles le doivent,) selon les divers cours plus ou moins long de ces corps opaques, dont elles réfléchissent la lumière empruntée : telle en est aussi l'observation régulière et constante. Car, au lieu de voir par tout le ciel ces huit phases tout-à-la-fois, en un jour ; on ne les voit que dans des tems éloignés, tous différens, et dont vous connoissez mieux que moi la plus ou moins grande diversité. On ne voit les phases de *Mercure*, qu'en trois mois ; celle de *Vénus*, en sept mois et demi ;

12

celle de la *Lune*, en 28 jours ; celles de la *Terre*, en douze mois ; celles de *Mars*, en 22 mois et demi ; celles de *Jupiter*, en onze ans et dix mois et demi ; celles de *Saturne*, en 29 ans six mois ; celles enfin, d'*Herschell*, en 84 ans. Il n'est pas possible de prendre le change, à l'aspect d'une différence par-tout si frappante et si variée.

Couronnons notre agréable séance, par un souhait commun, dont le principe est dans tous nos cœurs : désirons que le héros qui nous a prêté si généreusement son sallon, soit présent encore au même rassemblement qui se fera dans 84 ans, lorsque la planète *Herschell*, ayant fini sa période, sera revenue au même point du ciel où elle est aujourd'hui, et que l'on rendra compte de ses huit phases, dont chacune aura été de dix ans et demi, au lieu de trois heures ? Peut-être n'en distinguera-t-on que quatre, deux pleins et deux quartiers, chacune de 21 ans.

Le ciel certainement se complait en un vœu si conforme au glorieux progrès des sciences et des arts ; si utile à la paix des mers et des continens ; si avantageux à la félicité de la France, de l'Europe et de l'Univers.

Avant de me séparer des huit savans astronomes, je leur demandai instamment de me dire dans le courant de l'année, si les mouvemens simultanés et combinés des planètes entr'elles n'offrent pas dans les phases, quelques légères variétés réciproques et suffisamment senties, pour confirmer de plus en plus le mouvement de la terre, l'immobilité du soleil et les plus ineffables grandeurs de Dieu.

J'ai rassemblé avec soin ces preuves, sur huit planètes, le jour de ma naissance 28 février : si le ciel par un nouveau bienfait de sept ans de vie, me laisse accomplir la carrière septuagénaire du pieux et savant prêtre Copernic, je saisirai, à son exemple, quoique beaucoup moins savamment, toutes les occasions de faire sentir aux humains, combien le créateur est admirable, dans la structure immense des cieux.

Devant ce majestueux tableau, il n'est point d'être

dans la nature plus petit, plus vil, plus méprisable
que l'athée.

Cette vérité frappe avec infiniment plus de force
un athée astronome ; qui ne s'est élevé à la sublime
connoissance des cieux , qu'après s'être appliqué
long-tems à sonder les profondes beautés des choses de la terre ; et qui, après avoir ensemble em-
brassé la terre et les cieux dans les conceptions de
son vaste génie, ferme les yeux et s'écrie en insensé : « Il n'y a point de Dieu ; les preuves qu'on
» en donne, ne sont point directes ; les raisonne-
» mens n'en sont que comparés ; on peut tout expli-
» quer sans lui ». Assertion captieuse et détestable
que la mauvaise foi seule peut enfanter.

Quoi ! ce n'est pas une preuve directe de dire
qu'il n'y a point d'effet sans cause ? Quoi, parce que
vous ignorez comment sous le voile respectueux de
la génération , vous êtes devenu le fils de votre
père ; vous dîtes que vous n'avez point de père ?
Y a-t-il dans le monde une voie plus *directe* que
la ligne descendante du père à son fils ; de la cause
à son effet ; du créateur à sa créature ? Pour comprendre Dieu, il faut être lui-même ; et parce que
vous n'êtes pas un Dieu , vous dîtes qu'il n'existe
pas ? Parce que nécessairement vous êtes borné dans
vos perfections , vous voulez être l'infini vous même ,
qui seul peut, et doit réunir toutes les perfections,
pour les départir aux créatures qu'il a formées ? Où
avez-vous vu qu'il faille comprendre entièrement un
objet, pour pouvoir assurer son existence ? Vous qui
dissertez si savamment sur le soleil : sur sa distance
de 35 millions de lieues ; sur sa grosseur de treize
cent quatre-vingt-quatre mille quatre cent deux
lieues ; sur sa rotation sur son axe , d'occident en
orient, en 27 jours, sept heures , 37 minutes et 28
secondes, malgré qu'il ne change jamais de place ;
sur les taches, qu'on a commencé à voir sur sa
surface en 1611 par le télescope , trois ans après
l'invention de cet instrument merveilleux ; sur la
tache surtout que vous dîtes avoir observée vous—

même en 1763, et qui contenoit quatre fois la largeur de la terre, c'est-à-dire douze mille lieues.
Vous, dis-je, qui racontez tant de choses si
curieuses sur le soleil, vous avouez que vous ignorez de quoi est composé l'intérieur de son volume,
vous ne comprenez pas ce qu'il est en lui-même, et
vous admettez néanmoins son existence : pourquoi
donc après cela vous refusez-vous d'admettre l'existence de Dieu, après avoir si noblement considéré ses
œuvres ! pourquoi exigez-vous plus de Dieu, que du
soleil ? C'est sans doute que l'existence du soleil ne
fait rien à votre récompense ou à votre punition future,
et que l'existence de Dieu ne peut aller qu'avec le
sceptre de sa justice : cette différence est très-remar-
quable : si vous vous avisiez de dire qu'il n'y a point
de soleil, par la seule raison, que vous ne le comprenez pas entièrement, vous passeriez pour un homme
à reléguer avec les fous à Charenton : de combien
paroissez-vous moins aliéné d'esprit, en disant que
Dieu lui-même qui a formé cet être brillant,
n'existe pas ?

Vous plaindrez-vous que les raisonnemens qui
prouvent son existence, ne sont que comparés ?
Mais, quand cela seroit aussi vrai qu'il est insiguement
faux, vous n'en seriez pas moins blamable à nier son
existence. Dans toutes les sciences, les raisonnemens
comparés sont d'usage et de grand poids : en arith-
métique, la règle de proportion est de la plus haute
évidence par la comparaison des nombres ; en algèbre
même, il y a des caractères techniques et sacrés,
pour marquer le *plus* par $+$, le *moins* par $-$ *l'égal*
par $=$. Vous savez tout cela ; pourquoi donc admet-
tez-vous cette preuve pour les sciences exactes, et
que vous la rejettez à l'occasion du Dieu que vous
voulez, mais que vous ne pouvez anéantir ? Personne
ne connoît mieux que vous l'anatomie *comparee*,
et combien elle est belle dans la bouche de M. Cuvier,
qui en fait les démonstrations au jardin des plantes.
Au barreau, les plus célèbres avocats se servent
tous les jours, avec grand avantage, des argumens

comparés : toute votre philosophie et la mienne,
(éloignées seulement de onze ans) en étoient jadis
remplies, et nous triomphions vous et moi, nous mé-
ritions dans nos thèses, des battemens de mains,
quand nous en faisions un juste usage. Vous même
encore dites dans votre astronomie, que vous prou-
veriez clairement la grosseur réelle d'une étoile, si
vous aviez des moyens de comparaison pour l'atteindre.
Un savant est à plaindre, lorsqu'il se ment si sen-
siblement à soi-même!

Vous dites, page 90, « on ne voit point Dieu, il
n'y a point de Dieu » Vous devriez laisser dire ces
choses à un homme stupide, à un hébété, à un im-
bécile : mais un homme de bon sens doit conclure
tout le contraire et dire : donc il y a un Dieu ; car
si on le voyoit, il seroit corporel, et cesseroit
d'être Dieu. Vous ajoutez : « On ne le comprend pas,
donc il n'existe pas ». On passeroit une telle extravagance
à un homme ivre ; mais on doit en faire un crime
à un homme de sens frais ; car si vous compreniez
Dieu ; il seroit borné et même plus borné que nous ;
dès lors il ne seroit plus Dieu. On se riroit de vous,
si vous disiez : le tuyau de ma lunette d'approche
ne peut pas comprendre ou contenir toutes les eaux
de la mer, donc la mer n'existe pas. L'application
est palpable et la risée judicieuse. De même, si
vous disiez : « Je ne vois pas de quoi est composé
l'intérieur du soleil qui a plus de 400,000 lieues d'é-
paisseur ; donc le soleil n'existe pas ». Ce seroit pour
un astronome un trait de folie. Quand, dans votre
jeunesse, vous alliez à la messe avec votre mère,
vous entendiez chanter au *Credo* : « Je crois en Dieu,
» le créateur des choses visibles et invisibles, elle vous
» disoit : mon fils, dès qu'il existe des choses visibles et
» corporelles, il y a un être *invisible* et *spirituel* qui les
» a formées, et qui a de même créé d'autres êtres invisi-
» bles et spirituels, adorons-le » Pourquoi donc avez-
vous oublié cette belle leçon d'une si bonne mère ?

Vous vous plaisez à finir la page de la préface qui
précède votre dictionnaire des athées par ces paroles :

on *explique* tout sans *Dieu* : cela est d'une fausseté
notoire. Vous avez déjà dit dans votre astronomie,
qu'on expliquoit toutes les apparences célestes dans
tous les quatre systèmes des cieux, des Égyptiens,
de Ptolomée, de Ticho et de Copernic : je viens
de vous montrer page 307, que cela est faux, parce
qu'il est impossible d'expliquer les huit phases
de la lune en 28 jours dans les trois systèmes où
l'on fait tourner le soleil. Il me sera moins difficile de vous mettre en contradiction avec vous-même,
dans la première proposition que dans la seconde. Mes
yeux pour la seconde, n'ont de recours qu'à la lune; pour
la première, ils ont tout l'univers en aspect et à garant.
Tous les êtres indistinctement dépendent d'un maître
souverainement intelligent, puissant et sage. La matière n'a par elle-même aucune vertu; on ne lui
reconnoît que la force d'inertie; c'est-à-dire, de
ne pas pouvoir d'elle-même reprendre son mouvement quand elle l'a perdu; ou plutôt, la matière
à la force de n'avoir pour elle-même aucune vertu,
le repos est essentiel à sa nature, le mouvement lui
est étranger; il faut qu'elle le reçoive de la part de
celui qui ayant tout créé de rien, gouverne, conduit, règle, maintient tout. Il est au contraire évident, qu'un être spirituel et intelligent peut réunir
et réunit toutes les perfections possibles pour les
communiquer aux êtres créés, selon leurs besoins
et leur capacité naturelle de créature imparfaite et
bornée; il est de la même évidence que la matière
inerte et limitée par sa nature, ne peut contenir ce
riche assemblage.

Quelle est donc cette espèce de furie, d'arracher
de l'être infiniment parfait, ses attributs essentiels,
pour les donner à la matière à qui ils sont nécessairement étrangers, et qui n'en est point susceptible? Mais la matière ornée de quelques-unes
de ces dons ne puniroit pas; et l'être infiniment parfait doit punir par l'attribut de sa justice dont il
ne peut se dépouiller. Cet être n'existeroit pas, s'il
lui manquait, ne fut-ce qu'une seule perfection. Qu

la justice est une des plus signalées, de rendre à cha-
cun ce qui lui est dû, récompense ou punition. C'est
pourquoi l'athée pour se sauver de ses poursuites
vengeresses, et se garder en même tems de la honte
de lui enlever nominativement sa justice, parce que
de sa propre bouche, il s'avouerait criminel, pré-
fère de dire que Dieu n'existe pas, et qu'il n'y a
dans le monde ni crime ni vertu ; que tout est indifférent ; ou, ce qui n'est pas moins horrible, que
tout est vertu, autant le meurtre que l'aumône ; le
poison que l'allaitement, autant la fureur que l'a-
ménité.

Que diront tant de rois réunis à nos fêtes du
25 mai prochain, que prépare le magnanime créateur des Rois, lorsqu'ils apprendront qu'un savant
astronome qui toujours contemple le bel ordre des
cieux, propage par les sentimens d'athéisme, tous
les principes eversifs des mœurs, destructeurs de la
société, perturbateurs de l'ordre public : qui ferait
croire comme chose indifférente, d'égorger ces potentats alliés de la France, et Napoléon lui même,
au milieu des réjouissances nationales ?

Dira-t-il, qu'il est bien éloigné de ces sentimens
de cruauté ? J'aime à le croire, et je le crois ;
mais son livre dément sa bouche : chez toutes les nations, on perd son procès au barreau, quand ce que
l'on dit, est démenti par un acte fourni dans la
cause ; ce qu'on appelle par l'axiome de droit : pro-
positio contraria actui : et si c'est en matière cri-
minelle, le coupable n'échappe point à la punition.
On est responsable de tous les effets (même les pl
funestes) quand sciemment on en a fourni la cause
ou jetté le principe. En opposition totale avec le
coryphée d'athéisme, et en conformité parfaite av
tous les potentats de la terre en qui reluit une por
tien de la puissance du maître des cieux, je dis :

Il y a un Dieu.
La preuve en est directe, elle est évident
Rien dans la nature ne s'explique sans lui
Hors de lui, ni ordre ni bonheur.

(96)

Toute la conduite de Napoléon le Grand doit singulièrement confondre les athées de France, en tel nombre qu'ils soient : je me borne à citer ici son décret du 20 février dernier, par lequel il ordonne à perpétuité un anniversaire à l'Eglise Métropolitaine de Paris, pour les braves, morts à la bataille d'Austerlitz. Déjà, aujourd'hui sept mars, le service solemnel en a été célébré avec une grande pompe. La façade et l'intérieur de cette vaste basilique étoient tendus de noir. Au milieu du chœur étoit un magnifique cénotaphe, représentant une tombe ; il étoit avec tout le chœur, chargé d'emblêmes de gloire et de deuil, parsemé d'armoiries de l'Empire : au-dessus du cénotaphe, s'élevoit en forme de dais rond, orné de panaches, un superbe catafalque, d'où tomboient religieusement aux quatre coins, jusqu'au pavement, quatre majestueuses draperies : une musique funèbre remplaçoit celle qui les avoit animés au combat. Tout le peuple immense qui remplissoit l'Eglise, avec toutes les autorités civiles et militaires, avec les frères d'armes vivans qui honoroient la mémoire de ceux que la mort avoit frappés à leurs côtés ; tous, démontroient sur leur visage, une émotion profondément religieuse.... demandons ici à l'athée, s'il y a un Dieu.

Napoléon surpasse par son décret religieux, la piété si célèbre de Judas Machabée, qui 163 ans avant J. C. fit offrir, une seule fois, au temple de Jérusalem le sacrifice d'expiation pour ses soldats morts à la bataille d'Adola contre Gorgias. Au lieu que Napoléon ordonne le sacrifice chrétien à perpétuité ; sacrifice fondé sur la ferme et religieuse croyance en la résurrection des morts, qui détruit totalement l'athéisme, en glorifiant la justice d'un Dieu bon et miséricordieux.

Le bonheur des humains et des gouvernemens civilisés, faisant tout l'objet de mon ouvrage déjà volumineux, j'ai cru devoir en suivre l'estimable esprit en y ajoutant une pièce de vers, nourrie de mêmes sentimens, sur la *paix perpétuelle.*

L.

LA PAIX PERPÉTUELLE

NAPOLÉON LE GRAND.

PRÉDESTINÉ des cieux , maître de la victoire ,
Si digne du sommet de l'immortelle gloire ,
Des combats à venir , invincible héros !
Comprime les fureurs , anéantis les maux.

Aux heureux jours prochains de tes brillantes fêtes ;
De nombreux potentats, riches de tes conquêtes ,
Emules courageux de nos vaillans guerriers ,
Viendront parmi les tiens étaler leurs lauriers

A dessein près de toi le très-haut les appelle ,
Pour concerter le plan d'une paix éternelle :
De leur commun accord , érige un tribunal ,
Sous le titre pompeux de *consultat Royal*. (1)

Ordonne d'y porter toutes les doléances
Sur les torts , les griefs des suprêmes puissances ;
Par une irrévocable et prompte sanction ,
Du sang fais éviter l'horrible effusion

Chaque lustre assemblés , les Souverains eux-mêmes ,
Ensemble révisant le droit des diadêmes ,
Par les abords loyaux de la fraternité,
Serreront les doux nœuds d'une tendre amitié. , , .

Défends , NAPOLÉON , à l'effroyable guerre ,
De venir désormais ensanglanter la terre !
Sur le crêpe annuel des braves d'Austerlitz ,
Soit écrit de ta main : ce *fléan fut jadis*. (2)

13

Sur ta tombe on verra l'immobile victoire
Nous redire en vantant l'éclat de ta mémoire :
» En deux mois ce soldat ravit tous mes lauriers,
» Et de tout l'univers fit un champ d'oliviers. »

Vous, sous le poids des ans, pontifes vénérables,
Destinés à bénir ses cendres mémorables,
Avec le monde entier révérez à jamais,
Le héros des combats, le héros de la paix. (3)

———————

(1) L'origine des guerres remonte à l'origine des
monarchies ou des gouvernemens politiques. *Nemrod*
ou *Belus*, petit fils de Noë, surnommé par excellence le chasseur, sachant mieux que tout autre, manier les armes de chasse, fut aussi plus propre à
manier celles de la guerre: il fonda la première
monarchie de l'univers sous le nom d'empire d'As-
syrie. Bientôt après lui *Haïcus* son voisin, fonda
le royaume d'Arménie. Nemrod, avec un corps d'armée, marcha contre ce dernier, près du Mont-Taurus,
l'an du monde 1828 ; mais il y trouva la punition de sa cruelle entreprise, par la mort sanglante
dont il fut frappé avec les siens. Ce fut alors pour
la première fois, que l'effusion du sang humain parut honorable. Haïcus fit sur le champ de bataille,
élever à Nemrod un tombeau, pour servir de monument à sa victoire. (Histoire générale des guerres
par le chevalier d'Arcq.)
Après que ce fléau eut ravagé les voisinages du
jardin des délices où le premier homme fut formé,
et où la race humaine fut réparée après le déluge,
comme je l'ai dit, page 211 de mon ouvrage, les
guerres s'étendirent au loin en Affrique, et en Europe : Sézostris, roi d'Egypte, fit dit-on, ses irruptions
dans l'Inde, vers l'an 2500. On ne fait ordinairement
remonter celles d'Europe, qu'au tems d'Ambigat, l'an
du monde 3600, cent ans après la fondation de Rome.
Celles d'Affrique, à la conquête de l'Egypte par
Cambise, roi de Perse, en 3480. Les feux des

combats n'épargna point la grèce , il dévora la
fameuse ville de Troie , l'an 2820 , et pour la
première fois fit connoître aux valeureux Grecs le
nom de *héros* dans la personne du vaillant Achille ,
ce brave si renommé , qu'Homère, trois siècles après ,
chanta dans son illiade, avec tant de noblesse et de
grandeur. Les fameuses guerres entre Scipion et An-
nibal, entre les Romains et les Carthaginois , appellées
guerres *puniques* , eurent lieu deux à trois siècles
avant J. C. , elles furent suivies de celles de Cesar ;
Alexandre avoit précédé. Bientôt après la découverte
de l'Amérique, en 1492 , les Espagnols y portèrent
les flammes de la guerre contre le paisible Mon-
tezuma.

Les hommes sages ont de tous les tems désiré la
cessation de cet horrible fléau qui toujours traine
les autres à sa suite ; la famine , la mortalité , la
désolation des milliers de familles au milieu de leurs
champs stérilisés et couverts de cadavres. Le ciel
semble de nos jours exaucer des vœux si anciens ,
si louables et si multipliés. Il donne en même tems
au plus grand des guerriers, le plus ardent amour
de la paix. Il rend facile sous sa main tout ce qui
paroît impossible au reste des mortels. Cette puissance , cette sagesse donnèrent l'essor à mon zèle.
Puisque ses jours sont comptés , les écrivains ne
doivent lui proposer que des projets à nul autre possibles. La réunion des cultes me parut de ce genre,
après avoir été tant de fois méditée, tentée et jamais
mise à exécution. Elle fait l'objet de mon offrande
à Napoléon le Grand, qui (par les seuls principes
du Concordat de 1802 , dont il est l'auteur à jamais
mémorable) en fera une des époques les plus glorieuses
de son merveilleux règne. A cette réunion religieuse, qui concentre le bonheur public avec la paix
universelle de l'église, j'ai cru devoir joindre le
projet non moins utile de l'abolition de la guerre ,
qui doit faire tarir dans toute l'Europe, et par suite
dans tout l'univers l'effusion du sang humain.

Peut-être m'objectera-t-on que ce plan est le beau

rêve d'un homme de bien ? Mais glorifié déjà d'un
si beau titre , j'aime à montrer que ce projet infiniment humain et philantropique , ne mérite rien moins
que le nom de rêve.

Paul Ier, dernier empereur de Russie, père d'A-
lexandre Ier, empereur actuel, avoit conçu fortement ce projet, il pensoit à le mettre à exécution ,
mais l'Angleterre fut loin de regarder ce beau plan
comme un rêve ; elle le prit pour une réalité fatale
à ses desseins pervers : sentant que s'il avoit lieu , elle
ne pourroit plus vivre de vols et de pirateries ; ni s'alimenter de sang et de carnage; ni continuer sa domination
tyrannique sur les mers ; elle s'occupa très-prompte-
ment à méditer un genre de crime , pour se défaire d'un prince si solidement ami des hommes :
elle envoya à Dresde, capitale de la Misnie et de
l'électorat de Saxe , des espions, sous le nom d'ambassadeurs ou de ministres qui, de concert avec les
princes Subow russes, formèrent une conjuration
dont le résultat fut d'égorger l'empereur Paul : ce
qui fut exécuté le 12 mai 1801, et si Alexandre
son fils , n'a point puni cette régicide famille de
Subow , c'est qu'il avoit trop à craindre le soule-
vement du parti qui avoit trempé ses mains dans
le sang de son père. Sans doute que ce bon prince
verroit également volontiers l'exécution de ce plan
divin, pourvu qu'il fut proposé par un autre monarque moins timide, qui eut moins de raisons de concevoir des ombrages.

L'impératrice d'ouairière sa mere, princesse aussi
savante que vertueuse, aussi pieusement chrétienne
que singulièrement lettrée, toujours inconsolable de
la mort tragique de son mari , pour laquelle son
brillant palais n'est plus depuis cette époque déplo-
rable, qu'une chambre de deuil, trouveroit en quelque sorte, dans l'accomplissement quoique tardif de
ce projet, un terme à son affliction. Le rachat de
vie de plusieurs millions d'hommes seroit à ses
yeux, le fruit consolant du sacrifice sanglant et méritoire de son auguste époux.

La mort dont je serois menacé , de la part de
l'Angleterre, ne seroit point capable de m'empêcher
d'ouvrir mon vœu sur un objet si cher à l'humanité ;
car s'il est doux de mourir pour sa patrie, il est
bien plus doux encore, en mourant pour elle , de
mourir pour toute la masse des humains. La vie
portée à un si haut prix , n'est-elle point plus de
mille fois richement payée ?

Je ne crains point non plus de proposer ce projet
à Napoléon , que rien au monde ne peut intimider,
mais que les plus grands dangers encouragent. L'an-
glois en suscitant la guerre en Germanie , a osé dire,
qu'il ne faisoit point la guerre au peuple Français,
mais seulement à la personne seule de l'Empereur
des Français ; et l'Empereur des Français en devint
infiniment plus glorieux par des exploits inouis : il
suffit ici qu'il le menace de la même fin tragique
de Paul premier , pour donner un nouvel et dernier accroissement à sa gloire , par l'abolition éternelle du fléau épouvantable de la guerre qui sera un
genre de s'illustrer , inconnu jusqu'ici à tous les
siècles ; regardé comme impossible à tous les humains ; mais propre au caractère magnanime de
Napoléon , que la providence dans les plus grands
périls et les entreprises les plus difficiles , protège
si visiblement comme l'envoyé du très-haut.

L'anglais croyoit donc à la possibilité du plan,
dans la personne de Paul premier ; l'heureux succès
en est infiniment plus digne d'espoir dans les mains
de Napoléon, qui déjà en a préparé les voies, tant
par son desir de la liberté des mers , que par le
partage qu'il vient de faire de ses conquêtes à divers princes qu'il décora du nom de rois , et qui
comme ses fidèles alliés suivront avec zèle ce sublime vœu bonapartien , si cher aux générations hu-
maines. Qu'il seroit glorieux pour l'avenir, de terminer constamment par la justice et la raison, les
querelles des Rois , au lieu de les finir toujours par
la force, qui nécessairement traîne après elle tant
de malheurs ! comment ! dans tous les pays civilisés,

le sujet trouve justice contre son souverain ; et les souverains ne sauroient la trouver réciproquement entr'eux ? Tous les tribunaux sont ouverts, pour traiter les intérêts des sujets et des rois ? Et il n'en existeroit jamais un seul, pour traiter particulièrement la cause personnelle des souverains ? Le défaut de justice dans le premier cas, ne feroit que la ruine de quelques particuliers, et on a pourvu dans tout l'univers à cet inconvénient de peu d'importance ; le défaut de justice dans le second, jette par-tout, la consternation et l'épouvante, porte la mort dans le sein de toutes les familles, baigne de sang humain toute la surface de la terre ; et on ne préviendroit jamais de si horribles maux ! où en seroit donc l'espèce humaine civilisée de nos jours, éclairée par le flambeau de Napoléon, soutenue de son bras puissant ?

Presse, ô bienfaisant héros, une entreprise si désirable ; empêche de se rouvrir à jamais ces fosses énormes, ces cratères guerriers, où l'on engouffle précipitamment des tas, des milliers de morts. Laisse-nous nous souvenir toujours avec une nouvelle horreur, que le cruel Dessalines, à Saint-Domingue, assommoit à coup de pierres, ou tuoit à coup de mousquets, ceux de ses propres combattans négrés, que la hâte et la méprise y avoient jettés encore pleins de vie, et qui demandoient dolemment leur délivrance de ces effroyables sépulcres. Laisse, puisqu'il le faut, dans le repos et dans le silence de ces immenses tombeaux, les braves qui par toute la terre, y sont enfouis ; mais que ta philantropie empêche d'excaver à l'avenir, ces abymes sanglans !

Permets, pour un moment, illustre héros, que j'appelle les regards sur la plaine encore fumante de Fontenoy, près de l'ancienne capitale des Nerviens (Tournay,) vois le puits pastoral, profond de plus de cent pieds, qui dans cette mémorable journée, fut rempli, comble de cadavres. Le poëte célèbre du tems, demanda au monarque victorieux, de l'eau pour le pasteur (mon ancien voisin dans le saint minis-

ière) et Louis le bien aimé le gratifia d'une pension.
Ne détourne pas non plus les yeux de mon poème
fugitif, sentimental et lugubre , sur un objet plus
sérieux et plus important. Laisse-moi , si tu veux ,
dans les ombres de l'oubli où je suis confiné. (*)
Mais , crois que , pénétré de respect pour ta volonté
suprême , dans le réduit paisible de mes méditations,
Je ne t'inquiète pas plus , au sujet de ma personne ,
que le philosophe de Corinthe dans son tonneau ,
n'inquiétoit Alexandre. Ce n'est pas ma cause que je
plaide , c'est le bonheur général des humains que je
sollicite : il est en ton pouvoir; fais justice à mon
zèle : prends soudain l'inaliénable possession du vaste
champ fleuri d'oliviers que j'ouvre à tes regards
puissans , seul infiniment plus glorieux à ta mémoire,
qu'ensemble tous les lauriers sanglans réunis : ici les
nations ne font que partager avec toi les heureuses
destinées dont j'esquisse le tableau.

Tu viens d'offrir à l'univers étonné, un trait de
grandeur qui de nouveau nourrit mes espérances. Tu
commandes par ton décret impérial du 20 février
art. 4. « D'ériger dans l'église de Saint-Denis , trois
» Chapelles expiatoires , dans l'emplacement qu'oc-
» cupoient les tombeaux des trois races de nos Rois.
» Tu veux art. 5, que des tables de marbre soient
» placées dans chacune des Chapelles des trois races,
» et qu'elles contiennent les noms des Rois dont les
» mausolées existoient dans cette Eglise. »

Faut-il t'apprendre , prince sage , que le hasard de
la promenade me fit voir , en novembre 1793, passant par Saint-Denis , les horreurs de ces débris affreux que tu cherches à réparer ? J'ai vu de mes

_____

(*) Genre d'oubli diamétralement contraire aux vues pa-
cifiques et conciliatrices de Napoléon; au texte formel du Concordat , art. 68 ; aux nombreuses défenses ministérielles de
l'Empire et de la Légation Romaine , séante à Paris; enfin ,
injurieux à l'esprit conciliant et paisible de l'évangile.... Le
prêtre chrétien s'y soumet sans efforts et sans murmure.
Voyez pages 82 , 83 et 87.

yeux, en reculant d'horreur, tous ces ossemens sacrés, tous ces tombeaux précieux, jettés à la
pèle et au tombereau dans une spacieuse fosse cir-
culaire, creusée à dessein, et qui alors étoit comblée. J'ai en 1797, transmis ce triste fait à la postérité, page 99, d'un ouvrage de près de 3oo pages in-8.°;
que j'eus le zèle de composer pour viser aux moyens
de ramener la *paix et l'union entre les Français*.
Ce titre t'annonce par lui-même, mon vif et constant
amour pour la paix publique. Daigne agréer un des
exemplaires qui me restoient de ce travail pacifique,
pour te servir en ce point de monument d'histoire,
et te convaincre que mon cœur, ma langue et ma
plume ont dès l'origine de nos troubles religieux,
agi de concert, pour ramener la tranquillité, dont tu
nous fis enfin l'inestimable don par le Concordat de 1802.

Je te conjure, par le respect que tu rends à la mémoire et aux cendres de nos Rois, de faire enfin
respecter dans tous les Français et dans tous les mortels, ce baume précieux de vie, fait pour vivifier
les mortels selon le cours paisible des forces humai-
nes. Je m'explique; préviens à jamais l'effusion du
sang humain, à la gloire de la religion, des arts
et de la prospérité publique. Le règne patriarchal
dura près de deux mille ans. Fais lui reprendre con-
sistance et vigueur jusqu'à la fin des siècles. Rends-
nous à jamais cet âge d'or. Dan la populeuse Egypte,
qui jadis dans la seule ville de Thèbes, pouvoit
mettre un million d'hommes sous les armes, comme
aujourd'hui Pekin, capitale de la Chine: dans l'E-
gypte, dis-je, les arts jouissoient d'un doux repos
de deux mille ans, lorsqu'elle fut pour la première
fois conquise, et ses chefs-d'œuvres mutilés. Rends
leur en reléguant pour toujours dans l'abyme, le
démon des combats, le même tranquille repos jusqu'à la chûte de l'univers, où les astres tomberont
avec l'arbre généalogique de ta dynastie, selon le vœu
que j'ai formé, page 76, et que je répète ici.

Ciel exauce nos vœux pour cet arbre chéri!
Que les astres éteints ne tombent qu'avec lui!

Le

Le ciel qui sans cesse t'inspire l'amour de la paix, auroit-il formé ce vœu dans ton cœur, sans un dessein utile ? L'effet heureux en reste jusqu'à présent caché dans ses conseils impénétrables : mais, par ta vigilance, il ne tardera point de briller à nos regards extasiés. La providence qui t'a distribué tous les autres dons, te refuseroit-elle celui, si important au bonheur des humains ? Elle a placé sur tes lèvres, même au milieu des combats les plus terribles et pour toi les plus glorieux, le langage constant de la paix ; c'est sans doute pour la fixer bientôt par ton organe, sur tous les points de l'univers.

Voici les articles fondamentaux de ce projet utile aux humains.

1.º Fixer universellement les limites des Empires.

2.º Établir un tribunal *permanent* pour les conserver.

3.º Tous les cinq ans, les Souverains eux-mêmes en personne se réuniront. Là, ils feront la révision du droit des gouvernemens, appellé *le Code des diadêmes* ou *des puissances*. Ils confirmeront tous les jugemens portés pendant les cinq années précédentes et formeront ainsi le lien d'une douce amitié.

4.º Après le jugement irrévocable sur les griefs respectifs, celui des Souverains qui refuseroit de s'y soumettre, seroit dépossédé, et sa puissance transmise à une autre dynastie, du gré de tous les autres Souverains.

Ce qu'on appelloit depuis long-tems *la balance de l'Europe*, étoit déjà un acheminement à ce projet, avec cette seule différence, que cette balance s'étoit formée par la force et se maintenoit de même, au lieu qu'ici c'est une assemblée de Souverains qui fixe originairement cette balance, par le doux et paisible moyen de la raison. Ce plan est très-utile aux Souverains eux-mêmes : débarrassés de tous soins, ils sont sûrs de transmettre à leur lignée, la possession entière de leurs états, sous la garantie générale, occupés uniquement de l'intérieur de leurs gouvernemens, ils seroient

14

comme un père au milieu d'une famille chérie, dont
ils partageroient la douce et inaltérable félicité.

Jamais tant de Rois ne furent assemblés à la fois,
comme aux fêtes prochaines de mai. Jamais non
plus la Providence n'a formé à un prêtre une plus
heureuse occasion de manifester sa pensée philantropique. J'en fais l'offrande à Napoléon et aux autres
Rois ses alliés, laissant au maître Souverain des
Rois le soin de conduire ce travail à la plus haute
destinée. L'Angleterre elle-même, enfin, vaincue ou
du moins modérée dans ses prétentions par une paix
prochaine, d'après la mort toute récente du trop
célèbre ministre qui avoit juré de ne jamais mettre
des bornes à son insatiable ambition, trouvera son
bonheur et sa gloire dans une jouissance commune
aux autres états civilisés. Les autres Rois de l'Europe semblent déjà composer par avance une famille
nourrie de ces nobles sentimens, si avantageux à l'humanité.

Il n'est pas un seul homme qui ne soit aussitôt
convaincu de cette lumineuse vérité, s'il considère
que dans le système sanguinaire de juger les différens
des Souverains par la force des armes; le sort des
Rois est constamment incertain, et que dans le
système de les juger par la justice et la raison,
dans un tribunal uniquement établi à cet effet, leur
établissement est ferme et inébranlable, appuyé sur
toute la famille des Rois et sur toutes leurs puissances
réunies en masse que rien sur la terre ne peut renverser. Ici, il y a garantie générale et permanente,
là, il n'y a d'autre sûreté que l'ombrage et la crainte
qui renaissent chaque jour. Car quelle assurance
donner à la rage des combats? Le succès de la
plupart des batailles est presque toujours long-tems
incertain. Il en est peu, comme à Austerlitz, où
la victoire se soit constamment fixée sur les mêmes
étendarts. A Fontenoy en 1745, l'ennemi, avant
d'être vaincu, avoit long-tems chanté *victoria*. A
Marengo, le 21 juin 1800, les soldats ennemis crurent plusieurs fois que les lauriers ornoient déjà leurs têtes.

D'ailleurs, malgré toute l'habileté des généraux, une seule circonstance inopinée peut donner une nouvelle face aux évolutions. N'a-t-on point vu à Malplaquet en 1709, un Meûnier du haut de son moulin à vent, instruire le prince Eugène, et déconcerter toute la tactique savante de Willars ? A Jemmapes, près de Malplaquet, en 1792, la bataille n'étoit-elle point perdue pour les Français, si nos grenadiers n'avoient pas si vivement réclamé l'assaut des redoutes, contre la volonté de Dumourier, leur général, qui trahissoit ? Le plus grand et le plus heureux des guerriers, Napoléon le Grand, n'avoue-t-il pas lui-même dans sa lettre au roi d'Angleterre, en lui demandant la paix le 2 janvier 1805, que le sort des armes est incertain ? Combien de fameux conquérans, ont par une seule désastreuse retraite, dévoré plus de honte, qu'ils s'étoient acquis de gloire, par de nombreux combats toujours victorieux ; et qui après avoir subjugué les royaumes voisins, ont vu leur propre empire avec leur personne, devenir la proie d'un prince étranger !

Hé ! quel changement subit ne vient-il point de se faire parmi les Souverains d'Europe, depuis la révolution de France ! plusieurs rois détrônés et remplacés ! plusieurs nouveaux royaumes érigés ! certes, si le conquérant Charlemagne eut été le héros d'Austerlitz; l'empereur d'Allemagne, jadis si puissant, ne seroit-il pas aujourd'hui effacé du livre des Souverains d'Europe ? Son trône ne seroit point en ce moment baissé de plusieurs marches, si Pitt, au lieu de l'exciter par l'appas de l'or à cette étrange guerre, l'avoit engagé à concerter le tribunal royal, dont j'offre le plan, et que l'esprit pacifique de Napoléon l'invincible, auroit préféré à l'impérieuse nécessité de moissonner ses lauriers dans la plus brillante des campagnes dont les fastes de l'univers nous aient jamais présenté le tableau. La France elle-même ne fait que de s'asseoir solidement sur son

huitième gouvernement depuis quinze années. Heureu-
sement encore que le ciel dans sa bonté , nous a fait
l'inestimable présent d'un homme extraordinaire ,
pour mettre un terme à notre instabilité , à nos marches
chancelantes et à nos chûtes anarchiques.

D'après ces considérations , je n'hésiterai point
d'avancer , que le projet du tribunal que je propose ,
intéresse plus les Souverains que les peuples. Un
roi détrôné perd son azile , en perdant son palais ;
et le bûcheron au coin d'une forêt , malgré toute la
chance des combats , conserve sa chaumière. J'en appelle ici à toutes ces grandes et formidables monarchies
antiques dont il ne nous reste que le nom. Sont-elles
comparables au pauvre Casanier ! le berger dans le
simple réduit de sa demeure champêtre , est sûr de
conserver toute sa vie , sa houlette et son trou-
peau : mais il n'est pas dans l'univers un Souverain , tel puissant qu'il soit , (aussi long-tems que
les rois n'auront pas renoncé à l'art meurtrier des
combats et à ses suites aussi capricieuses que cruelles)
qui , sous ses lambris dorés , puisse ètre certain, de conserver pendant dix ans , son Sceptre et son Empire.

On a beau dire que mon plan est un rêve estimable,
il cessera d'être rêve dès que les souverains le vou-
dront ; c'est-à-dire , dès qu'ils réfléchiront mûrement
sur leurs propres intérêts. On auroit eu tort de traiter
de rêveur celui qui en septembre dernier , auroit dit ,
que dans deux mois , Napoléon auroit conquis toute
l'Allemagne ; on n'a pas plus de raison d'appeler rêveur
celui qui prédit ici , que le même Napoléon réussira
dans peu à bannir à jamais de l'Europe , le fléau de la
guerre ; il peut le second effet plus facilement que le premier ; c'est à nous de prier le ciel qu'il le veuille fortement. Si toutes fois dans les ressources inépuisables de
son génie pacificateur , il ne trouve point d'autres
meilleurs moyens de certitude du succès ; toujours est-
il vrai que mon plan est digne de ses regards philan-
tropiques , et que je puis à la face de toute la terre ,

terminer mes réflexions par les quatre vers suivans :

Du bonheur des humains, du sûr maintien des Rois
Mon projet est ami, garant tout-à-la-fois:
A toi seul appartient, Monarque incomparable,
D'en vouloir le succès prompt, solide et durable !

(2) Jamais depuis mille ans de l'institution des chapitres canoniaux, l'Eglise n'a vu rien d'aussi majestueux : il étoit réservé à la dynastie du plus grand héros de l'univers, d'avoir ses tombeaux confiés à la garde religieuse de dix évêques anciens d'âge, ayant à leur tête le grand aumônier de l'Empire ; la conception sublime de cet établissement admirable appartenoit à un génie extraordinaire, aussi sage que puissant ; voici à ce sujet le décret impérial du 20 février 1806 ; art. I. L'Eglise de St-Denis est consacrée à la sépulture des Empereurs ; art. II. Il sera fondé un chapitre composé de dix chanoines, chargés de desservir cette Eglise; art. III. Les chanoines de ce chapitre seront choisis parmi les évêques âgés de plus de 60 ans, et qui se trouveront hors d'état de continuer l'exercice des fonctions épiscopales, ils jouiront dans cette retraite des honneurs prérogatives et traitemens attachés à l'épiscopat. Notre grand aumônier sera chef de ce chapitre.

(3) Napoléon, en joignant ensemble la fête anniversaire de son couronnement, et la bataille d'Austerlitz, se place sagement dans nos temples, aux yeux du TrèsHaut, devant qui personne n'est grand, au niveau de nos braves défenseurs, ses frères d'armes. Ne semble-t-il pas que tous les ans, il va se retrouver au milieu d'eux bivouacant dans une chaumière? si comme on le dit, il fait aux réjouissances de mai, un banquet à son armée ; on se ressouviendra par un juste enthousiasme, que dans les chaumières de la Germanie, il tiroit avec eux, hors de la cendre, des pommes de terre ; et pour tout apprêt, les portoit promptement comme eux de la main à la bouche. O! combien l'ennemi devoit craindre les suites intrépides de ces repas aussi fraternels et joyeux que guerriers !

Déjà dans un demi-siècle, la génération naissante ne saura pas ce qu'on entend par le mot de *guerre* ; il faudra que l'inscription écrite de la main de notre héros, sur la tenture funèbre annuelle des braves d'Austerlitz, apprenne aux jeunes français, que ce fléau terrible exista jadis, et qu'ils doivent à la puissance, à la sagesse, comme à la générosité de Napoléon, d'en être préservés à jamais, après néanmoins quatre mille ans de calamiteuse durée.

Première Observation.

Je dois à mes lecteurs, de terminer ce supplément par trois observations que j'ai cru importantes. La *première* est au sujet d'un membre ancien de l'Institut national (M. Mercier,) qui semble avoir pris à tâche de renverser le système céleste de Copernic, dans son ouvrage récent, intitulé *de l'Impossibilité du système de Copernic.* On voit par son chap. 4, pag. 26 et ailleurs, où il traite de *l'incroyabilité* de ce système, que M. *Mercier* ne l'a jamais bien compris, ou qu'il aime à le dénaturer pour se faire un nom dans l'astronomie ; il n'égarera pas long-tems ses lecteurs, après qu'il aura vu ma chambre obscure, pag. 317, où je démontre aux ignorans comme aux savans, qu'il est impossible que ce soit le soleil qui tourne autour de la terre, et par conséquent, que c'est la terre qui tourne en 365 jours autour du soleil immobile au milieu du système planétaire. J'éclaircis la marche de ce membre de l'Institut, s'il manque de lumières ; où je le rappelle à l'ordre s'il est de mauvaise foi.

La frayeur qu'il a du télescope, m'empêche de lui parler d'abord de l'aberration des étoiles, qui pourroit lui exciter quelque vapeurs funestes ; j'ai préféré le laisser au simple usage de ses propres yeux, entre un laboureur et un berger. J'ai lu depuis plusieurs années dans les gazettes ses réflexions ridicules et absurdes sur l'astronomie : avec de grandes phrases plus ou moins insignifiantes, il déclame en vain contre les sciences exactes qui ne permettent point de prise à l'art oratoire. La géométrie et les mathématiques laisseront à l'aise aboyer M. *Mercier* contre la lune. Newton, ce savant suprême, le prince de la physique, de la géométrie, de l'algèbre et de l'astronomie ; Newton, que les savans d'Angleterre appellent leur chef et leur maitre ; qui dans le calcul du mouvement des planètes réunit plusieurs siècles de travail comme Napoléon plusieurs siècles de victoires dans sa seule rapide campagne de Germanie ; Newton ne pliera jamais sous la plume de M. Mercier. Ce n'est pas que le travail admirable de ce noble anglais soit nécessaire au système de Copernic, il existoit près de deux cens ans avant sa mort, qui fut en 1727 ; en effet, qu'importe que les planètes s'attirent ou se poussent ; que Dieu se serve du moyen physique de l'attraction ou de celui de l'impulsion pour gouverner les astres ; cela ne fait rien à la terre, qui toujours continue la marche qui lui est tracée par le Tout-Puissant. Dans le combat que je livre à M. Mercier, je le réduis à l'observation de ma chambre obscure : qu'il se place un seul jour, le dos contre le piquet, sous la barre à laquelle est suspendue la pelote : et qu'une personne attentive, fasse en 24 heures à pas égaux le tour de la chambre avec une lampe ardente à la main. En attendant, je béni, Dieu avec le pieux célibataire Newton, qui loin de donner dans le système hideux d'athéisme que tous les hommes probes doivent détester, avoit contume de ne jamais entendre prononcer le nom de l'éternel, sans faire, ensigne de son respectueux hommage, une inclination profonde. Attaché à l'astronomie, par le principe religieux des grandeurs de Dieu, j'aime les travaux de Newton, qui sans être nécessaires à la réalité du système de Copernic, en font cependant un embélissement merveilleux, auquel je ne puis que me complaire, pour la plus grande gloire du maître des Cieux dont je tiens la vie. La lutte paisible et amicale à laquelle je m'engage ici avec M. Népomucène Mercier, membre de l'Institut, ne m'empêche pas, de crainte de rien hasarder dans mes découvertes célestes, qui n'ont pour objet qu'un héroisme sacré, de les soumettre toutes par avance, aux vues profondes et lumineuses de l'Insti-

tat ; qui voudra bien , lorsque je serois inexact , me servir de régulateur indulgent , afin que notre commun
hommage d'adoration envers le Très-Haut , n'ait en moi
rien qui s'écarte des calculs sévères de l'astronomie.

Il eut été bien à désirer que M. Mercier eut lui-
même soumis son ouvrage à M. le président de l'Institut,
il en auroit banni les innombrables et dégoûtantes
injures dont il charge plusieurs savans d'un mérite
infiniment supérieur au sien. Newton , par exemple , que l'on regarde comme le plus grand homme
qui ait existé , ne méritoit certainement pas de la
part de cet écrivain , les titres déshonorans qu'il
lui prodigue dans plus de cinquante endroits de son
livre : voici la liste d'une partie de ces expressions
basses et grossières qu'il lui applique : j'en conserve
l'extrait avec l'annotation de chaque page. Il est à
remarquer que tous les savans géomètres , algébristes , mathématiciens et astronomes de tous les pays ,
y ont comme Newton leur flétrisante part.

« Enfant grotesque , chimérique , blasphémateur,
» fou , charlatan , arlequin , téméraire , somnambule,
» romancier , saltembanque , ridicule , inconcevable,
» génie éphémère , imposteur , montreur de lanternes
» magiques , hardi mensonger , bouteille à l'encre ,
» donneur de bonne avanture , magicien habile , l'en-
» nemi du bon sens , absurde , paradoxal , gouffre
» de contradictions , automate passant sa vie à chif-
» frer , stupide , écrivain de romans , peintre en
» chimères , trompeur , dévergondé , impertinent ,
» offensant la nature , menteur , canard , petit n-
» mal impertinent , présomptueux dogmatique , né-
» cromant , tête folle , plaisant , matador de la con-
» sidération astronomique , fabricateur d'univers ,
» hardi charlatan , outrageant la saine physique ,
» insolent calculateur , géomètre sacrilege qui met
» une chimère à la place de la divinité , mystifica-
» teur , dindon , dinde aux truffes ».

Ailleurs , il compare la personne ou les ouvrages
de Newton : « à des tyrans barbares , à des voleurs ,
» à de doctes billevesées , à polichinelle , à des
                                        » absurdités

» absurdités entassées , à paillasse, à un chaudron , au
» comble de la folie , à des mensonges et à des rêveries ,
» à des bulles de savon , à des contes bleus , à des
» chansons , à un lutrin , à des fantômes , à des
» fariboles , à des antres ténébreux , aux produits
» fantastiques d'un présomptueux orgueil , à la
» brouette du vinaigrier , à des assertions men-
» songères , à des joueurs de profession , aux bottes
» du petit poucet, au petit dognin qui fait l'exercice
» à la prussienne , à un audace ridicule , à une science
« fallacieuse , à une absurde contradiction , à un
» fagot , à des attentats qu'il faut livrer à la déri-
» sion publique , à un mensonge académique dont il
» faut faire justice, à un grimoire qui se prête à
» l'absurdité et à l'impossible . à un homme com-
» plètement irréligieux , à des opinions folles, à un
» attirail orateur , à des grimaces , à un épouvan-
» tail du bon sens , à une absurdité physique ; à
» une folie qui conduit au matérialisme , à des bil-
» boquets , aux contes de la bonne mère l'oie ».

Ce qu'il y a de plus révoltant encore , c'est
que M. Mercier ose dire que Newton par son systême , détruit la raison et la religion , tandis que
toute l'Europe généralement reconnoît que parmi les Laïcs , le vierge Newton, est le savant
le plus pieux et le plus religieux qui ait jamais paru.
Il conserva constamment jusqu'à l'âge de 85 ans , tous
les sentimens d'une haute conviction sur la nécessité
de la révélation, que tant d'autres savans affectent
de méconnoître par suite d'un licentieux orgueil.

M. Mercier ajoute : « c'est parce que je crois en
» Dieu , que je ne crois pas à Newton, » quelle in-
décence de faire expressément une phrase spirituelle,
pour avoir le plaisir de mieux distiller le poison
de la calomnie sur un si grand homme, qui toute
sa vie révéra profondément le créateur ? Comment
peut-il être entré dans la tête d'un membre de l'Institut , chargé spécialement de la partie morale, de
faire passer pour athée, le savant par excellence ,
qui dans toutes les créatures, adoroit sans cesse le

15

créateur ? Il ne faut point s'étonner après cela, de ce que le Journal de l'Empire a dit de lui, sur un autre ouvrage le 15 mars 1806

Si M. Mercier, ne veut point se respecter soi-même, qu'il respecte du moins le corps le plus savant et le plus respectable de l'univers auquel il appartient. Qu'il cesse une bonne fois de le couvrir de honte, par les grossiéretés, les injures et les calomnies dont il accable des savans renommés. Quelle opinion la judicieuse postérité pourra-t-elle concevoir de l'Institut de Paris, à l'ouverture du livre de M. Mercier ? Voudra-t-elle croire qu'un Empereur éclairé en ait été membre ?

Pour la gloire de ce corps vénérable, je demande à Napoléon, de statuer qu'il soit établi un comité composé des douze plus mûrs et plus judicieux membres de l'Institut, pour prendre lecture de tous les ouvrages que produiront à l'avenir leurs divers collègues, sous la rigoureuse peine pour les contrevenans, d'en être bannis à jamais. Ce moyen est en vigueur à la Chine, et rien ne paroît jamais parmi les lettrés, qui ne soit digne des regards admirateurs des siècles à venir. Rien de contraire aux mœurs, ni aux loix, ni à la religion de l'état ; rien de léger, rien de bas, rien de caustique ; tout y est digne de Cicéron et de Démosthènes. La France, sous un Empereur aussi savant qu'invincible, a des droits sacrés à cette vénération future. Le règne de Louis XIV, fut un règne de lumière et de moralité ; celui de Louis XV, un règne de frivolités et de licence ; celui de Napoléon sera le règne de force, de génie, de magnanimité et de vertu.

Si les théâtres de Paris, par la crainte de se déshonorer aux yeux du public, n'admettent aucune pièce, qu'elle ne soit visée par un comité de censeurs ; à plus forte raison l'Institut doit prendre la même mesure, pour ne point avilir la grande nation dont les 173 membres composent l'assemblée mère de toutes les sciences, des belles lettres, des beaux arts et de l'instruction publique. De part ni d'autre, il

n'est aucune raison de parler contre la religion de
l'état : et le bon ordre demande impérieusement de
s'en abstenir. Ce dernier avis tient à l'honneur, à
la probité, au bonheur de l'Empire. On sait par
l'almanach impérial que les travaux de l'Institut national, ont pour objet la gloire de la France.

Je reviens à Newton, dont j'ai à cœur de venger
la savante et vertueuse mémoire contre les clameurs
viles, injustes et multipliées de M. Mercier. Newton,
après avoir connu par le philosophe Keppler, astronome de l'Empereur Rodolphe, les loix mathématiques des astres, dont j'ai parlé page 144, s'em-
pressa d'en créer le calcul qu'il termina avec une
telle perfection, qu'il semble avoir assisté au con-
seil du créateur, lorsqu'il imprima le mouvement
aux astres. Le philosophe anglais s'est dit à soi-même :
« Dieu, sur la terre, se sert des causes physiques
» pour produire des effets physiques ; tout autre voie
» ici-bas est un miracle : il emploie à ces effets, l'at-
» traction ou l'impulsion des corps ; je suis autorisé
» par l'uniformité de sa marche, à croire qu'il en
» agit de même à l'égard des corps célestes ». Dans
le choix de l'une ou de l'autre, Newton crut devoir
donner la préférence à l'attraction, et Dieu s'est trouvé
constamment glorifié par son incomparable travail.
Le système de Copernic, seul digne de sa sagesse
et de sa majesté, parmi les 33 qui ont existé, trouva
dans l'étude et la précision de Newton, une nouvelle
preuve, par la justesse, la profondeur, l'uniformité
et la magnificence qu'il y fit reluire de toutes parts ;
sans cependant que cette preuve excédât les bornes
de la vraisemblance et de la probabilité, au lieu
que de nos jours, ce système est devenu pleinement démontré, 1.º par l'aberration des étoiles, découverte
par Bradley, astronome du roi d'Angleterre, en
1728, un an après la mort de Newton. 2.º Depuis
deux à trois ans, par la chûte des corps que l'on fait
tomber de deux à trois cent pieds de haut. 3.º Tout
récemment par les phases de la lune que je viens de
traiter pour la première fois. M. Mercier, afin de

mieux divaguer à son aise, et nous dire impuné-
ment une infinité de riens, a la mauvaise foi de
vouloir sembler ignorer les deux premières preuves ;
mais il ne pourra pas se soustraire à l'évidence palpable de la troisième qui est à la portée de tous les
humains, malgré lui le système des cieux, le plus
digne des grandeurs du Très-Haut, est évidemment
démontré. Copernic a la gloire d'avoir aggrandi à
vos yeux le domaine du Très-Haut. Adorons-le avec
lui, dans toute cette immense étendue, calculée deux
siècles après lui par le merveilleux savant anglais,
qui fait et fera dans tous les siècles, la gloire de sa
nation. Esprit créateur, sur la force attractive qui re-
tient les planètes dans leur orbite, selon la volonté
par lui présumée du Tout-Puissant.

Avant de livrer à l'impression la liste des propos
injurieux que M. Mercier se plaît à lancer contre
Newton, et tous les mathématiciens en général,
j'aimai d'en faire la lecture à un savant de mes amis.
Etonné de cet amas informe d'indécences et de calomnies, il me dit que c'étoit là une vive image des
déclamations de Luther contre les catholiques de son
tems. Sa judicieuse expression me fit souvenir d'une
conversation impie que me tint un jour un des membres de la convention à qui je reprochois les humi-
liantes calomnies que cet irréligeux aréopage vomis-
soit sans cesse contre la religion du Christ. Ce député, crapuleux et débauché, me répondit : « Nous ne
» voulons plus de ta Religion.... et nous en dirons
» tant de mal, que le peuple enfin en croira du moins
» une assez forte partie, pour la rejetter spontané-
» ment par une espèce d'horreur. » (1)

_____

(1) C'est sans doute par le même esprit de haine contre
les talens sublimes, ou, par une propension naturelle à
verser le poison sur des lauriers, que le même auteur,
par une sorte d'humiliante gloire, se vante de s'être op-
posé en sa qualité de législateur, à ce qu'on décernât à
Descartes, l'un des deux maitres de Newton, en géométrie

Luther réussit à tromper à force de cris, les peuples crédules, dont je m'efforce ici de ramener les neveux par lui égarés depuis trois siècles. La convention à son exemple triomphoit avec les mêmes succès; si Napoléon n'avoit eu la force de relever les autels abbattus. Les clameurs de M. Mercier contre les vrais savans resteront certainement sans effet, après que le même prince, ami tout-à-la-fois des Sciences et de la Religion, l'aura sur ce point réduit à un juste silence. D'ailleurs le sanctuaire des Sciences exactes, est si fort élevé au-dessus de M. Mercier, que sa glapissante voix, long-tems avant d'y atteindre, se sera perdue dans les airs irrités.

Il est bon cependant d'ajouter, pour que sa vaine présomption ne s'arroge point par mon silence un air de triomphe, que les raisonnemens, dont il assaisonne ses déshonorantes qualifications, ne sont que des sophismes incohérens, enfantés par l'amour de dire et par la mauvaise foi : car parmi les 350 pages de son Ouvrage in-8.ᵉ, où l'on n'apprend rien, à peine y trouve-t-on un seul article pardonnable, contenu au chap. 32, page 200, où il rapporte le sentiment qu'avoit en 1773, sur la structure des cieux, dom *de Casas* physicien Espagnol. Ce demi savant, ignorant sans doute la découverte de Bradley, sur l'aberration des étoiles, vouloit 1.º que le soleil tournât tous les jours autour de la terre, non pas dans une spirale successive de six mois, d'un tropique à l'autre, sur 47 dégrés d'étendue; mais toujours sur la même ligne de l'équateur comme aux deux équinoxes. 2.º Il plaçoit la terre au milieu de l'univers; et au lieu de

---

et en mathématiques, les honneurs de l'apothéose, (note page 28 de la Préface.) Ce savant illustre, noble Français, humble, bienfaisant, simple dans tout ce qui l'entouroit, universellement vertueux, ne méritoit-il pas, en dépit de la jalousie, ces hommages signalés ? Mille fois mieux que Jean-Jacques Rousseau, savant d'un autre genre, mais le plus mauvais, le plus cruel, le plus dénaturé des pères; mieux encore que Voltaire, qui démoralisa l'Europe entière par ses ouvrages licentieux.

lui laisser le mouvement diurne ou journalier sur
son axe en 24 heures , et son mouvement annuel de
transport oblique et diagonal en 365 jours du capricorne au cancer et du cancer au capricorne, il
lui imprimoit deux balancemens de six mois cha-
cun : le premier , vers le pôle arctique , le second
vers le pôle antarctique.

Au moyen de ce plan, que M. Mercier présente
d'après dom de Casas , sous la forme d'une horloge, il
dit que tout s'y explique parfaitement dans les apparences celestes, et qu'il n'est pas nécessaire de mettre à cet
effet la terre en mouvement ; ici la mauvaise foi de
M. Mercier , est aussi méprisable qu'affectée.

1.º Il sait que déjà plus de vingt ans avant sa
naissance , on avoit découvert en 1728 , l'aberration des étoiles, et qu'il est de toute impossibilité
de l'expliquer , sans le mouvement annuel de la terre.
2.º Il sait encore que depuis plusieurs années, l'on
a prouvé clairement le mouvement journalier de la
terre sur son axe en faisant tomber un poids de beaucoup plus haut , qu'on n'avoit fait ci-devant, comme
je l'ai dit , page 123. M. Mercier connoissant très-
bien cette dernière expérience , déjà plusieurs fois
répétée et toujours avec le même résultat , a la malice de n'en point dire un seul mot. Au sujet de l'a-
berration des étoiles, on voit qu'il craint d'en parler,
il n'en dit que ce peu de paroles à la page 153.
«Vous rendez compte aussi de l'aberration des étoiles, »
et il se tait.... Mais s'il eut été de bonne foi , il
auroit franchement ajouté qu'il étoit impossible d'expliquer cette aberration, si le soleil tournoit, soit
constamment sur la même ligne de l'équateur au gré
de dom de Casas , comme le 21 mars et le 21 septembre ; soit dans toute l'étendue spirale des deux zones
torrides , comme le veut le système de Ptolomée.

Je vais de toutes les parties de l'univers, rassem-
bler tant de témoins contre sa mauvaise foi, qu'elle
aura honte enfin de se montrer. Il n'y a personne
sur la terre qui ne voie tous les 28 jours, les huit
phases de la lune se perpétuer à nos yeux : lui même,

page 212, dit, « Qu'en fait d'astronomie, on doit
» préférer le témoignage des yeux au raisonnement
» humain » : C'est donc, (de son propre aveu, d'accord avec tous les habitans du globe,·) le mouvement de la lune en 28 jours, qui dirige et opère
les phases lunaires, et non pas le mouvement du
soleil en 24 heures, qui, s'il avoit lieu, réduiroit
nécessairement aussi la durée de ces phases, toujours
à 24 heures. Eh bien, si le soleil tourne autour de
la terre, soit comme le veut *Ptolomée*, soit comme
le veut dom *Casas*, nous devons partout et chaque
jour apercevoir les huit phases de la lune comme je
l'ai démontré, page 317. Après cette preuve si per-
suasive, si populaire, si palpable et si familiere, tous
les M. Mercier du monde, n'ont plus rien à hazar-
dér, plus de moyens de forger des insultes contre
les savans, qui tous sans aucune exception, soutiennent
le beau système du pieux prêtre Copernic, système
si digne de la majesté du Créateur, par sa sagesse,
son uniformité et la nouvelle immense étendue de sa
brillante sphère. (1)

---

(1) Pour aider à confondre l'athéisme qu'il déteste lui-
même, le Grand Napoléon a prêté ce jour dernier, son
vaste salon ; il voudra bien ici pour la même cause, diriger pour
une seule fois une de ses revues impérialles en forme circu-
laire, au lieu d'y ranger les troupes de sa Garde en bataillon
quarré.

1.º Au centre de la superbe cour du Carrouzel, seroient
les Gendarmes d'élite représentant la *Terre*. 2.º au premier
cercle, représentant *Mercure*, les Adjudans Généraux et les
Aides-de-Camp chargés de porter les ordres. 3.º Au second cercle, les Guides représentant *Vénus*, la planète qui
guide les bergers. 4.º Au troisième cercle, **Napoléon**, orné
de tous les milliers de brillans de ses rapides victoires de
Germanie, représentant le *Soleil*. 5.º Au quatrième cercle,
l'Artillerie volante de l'Empereur, représentant *Mars*. 6.º Au
cinquième cercle, les Grenadiers de la garde représentant
Jup ter. 7.º Au sixième cercle, les Chasseurs représentant
Saturne, avec son anneau. 8.º Au septième cercle, les
Mamelouk sur leurs chevaux Arabes, représentant *Hers-
c'ell*, nouvellement connue. Eux venant d'Egypte, armés

M. Mercier et dom Casas, sont encore obligés d'avouer que leur système insoutenable par son principe, manque aussi grossièrement d'uniformité et de sagesse dans ses apparence. Car, 1.º de toutes les planètes, la terre seroit la seule qui ne seroit point douée d'un mouvement de transport, et d'un autre sur son axe, 2.º de toutes les étoiles. Le soleil seroit le seul qui ne tourneroit point sur une ligne de 47 dégrés. En voilà bien assez, en voilà de trop pour un homme à qui une vaine, opiniâtre et fausse imagination tient lieu d'évidence,

Le système de Copernic, merveilleux et sage, digne d'admiration de toutes parts, acquit soudain sous la

---

de 600 lieues en France, l'an 1801 ; *Herschell* découverte en 1781, à la distance de 600,000,000 de lieues.

Pour abréger l'expérience, et de crainte d'abuser de la condescendance de Napoléon, mettons à la tête de l'Artillerie volante, vis-à-vis la porte des Tuileries. Le général Mortier, le *héros* de Diernstein, mon ancien paroissien, et à l'entrée de la grille, au milieu de l'Arc-de-Triomphe, le général Friant, *l'intrépide* d'Austerlitz.

Napoléon dans sa ronde se trouvant, sur le troisième cercle, vis-à-vis la grille, et vis-à-vis l'entrée du Château, les visages de ces deux vaillans généraux seroient entièrement éclairés de ses rayons. Quand Napoléon parviendroit au flanc de la cour vers la rivière, la joue gauche de Friant, et la joue droite de Mortier, se trouveroient éclairées. Etant parvenu au flanc qui répond à la rue Saint Honoré, le profil droit de Friant, et le profil gauche de Mortier, paroîtroient reluisans de ses rayens. Ainsi le soleil, s'il tournait, éclaireroit les planètes supérieures dans toutes leurs phases, pendant son cours journalier, c'est-à-dire, formeroit deux pleins, deux quartiers, deux déclins, deux *remplisans* au lieu de *croissans*, le tout *en 24 heures* : ce qui ne s'est jamais observé en si peu de tems, mais bien toujours d'une manière dépendante de la longue durée du divers cours révolu des planètes. Il faut donc mettre le soleil au centre de l'univers, comme Napoléon au centre glorieux de son empire. Sa Majesté l'Impératrice, et tous les Princes spectateurs sont satisfaits de cet ordre nécessaire, uniforme et sage ; avec eux tout le peuple Français seroit étrangement révolté, s'il voyoit une si équitable règle intervertie.

plume

(121)

plume de son religieux auteur, en 1543, un crédit rapide avec son étonnante probabilité. Il fut embelli et s'entourra de nouvelles beautés deux siécles après, par les soins savans de Newton ; mais il prit le ton ferme de conviction et d'évidence aux rayons perçans du téléscope de Bradley, par le moyen de l'aberration. Cette démonstration vive augmenta de nos jours depuis trois ans, par la nouvelle chûte des corps ; aujourd'hui cette conviction va se généraliser, se populariser, occuper tous les états de la vie, dans un suprême degré d'évidence, par le tableau journalier des phases de la lune, que je déroule aux yeux de tous les humains.

Placé dans le monde littéraire et savant, infiniment au-dessous des MM. les Membres de l'Institut National de France, je n'aurois jamais eu la force, ni même conçu l'idée de monter jusqu'à eux, si un sujet sublime que je traitois ne m'eut élevé dans une région supérieure à cette respectable assemblée. Par mon zèle pacifique et fraternel pour la réunion des cultes, je devois principalement m'occuper à ramener au centre de l'unité ceux qui s'en étoient le plus éloignés ; je veux dire les chrétiens qui par l'oubli de Dieu, étoient devenus athées. Le moyen que je pris pour les rappeler plus sûrement et avec plus d'attraits, fut l'astronomie lumineuse du prêtre Copernic. Tandis que je m'efforçois d'en peindre les charmes, un autre membre de l'Institut, imprudent et peu réfléchi essaya de m'arracher des mains mon pinceau, en disant d'un ton sentencieux, que ce systême étoit *impossible* et *incroyable :* pour la gloire du Très-Haut, j'avois un intérêt pressant de me défendre. C'est ainsi qu'en comparant l'univers à un grand jardin dont je me glorifie d'adorer le créateur, j'y rencontrai un puits d'abîme creusé par l'athée, je l'ai comblé ; j'y vis plus loin un vain curieux, cupide inconsidéré, qui en vouloit arracher les plus belles fleurs ; j'ai saisi sa main téméraire, et forcé sa bouche à *louer* avec moi la magnificence du maître dans sa plus parfaite production, dont je l'engageai de respecter la brillante durée, sans jamais plus oser à l'avenir y porter la moindre atteinte.

16

Seconde Observation.

Je dois rectifier l'inexactitude que j'ai commise en disant page 353, que pour empêcher d'empoisonner la morale par l'athéisme, Napoléon avoit de son quartier-général, à la veille de la bataille d'Austerlitz, au moment qu'il traitoit les plus grands intérêts de sa couronne, trouvé le moment précieux de venger les droits de Dieu contre les athées, en écrivant au *président de l'Institut*, au sujet d'un des membres de cette savante assemblée qui propageoit par ses écrits pervers des sentimens affectés d'athéisme. Sa Majesté a vraiment écrit cette lettre aussi noble que religieuse, mais il lui a donné le cours ministériel, en l'adressant à son Ministre de l'Intérieur à Paris, qu'il chargea de la notifier aux présidens et secrétaires de l'Institut, pour par eux en faire l'usage voulu par l'Empereur.

Malgré que cette lettre du héros non moins vertueux qu'invincible, soit un monument aussi digne de la postérité que toute la gloire des combats de la Germanie; cependant le respect l'emportant ici sur le zèle de préconiser, j'ai cru devoir m'abstenir d'en vouloir donner copie, jusqu'à ce que le gouverne-lui-même par la voie de l'impression, lui donnât la publicité qu'elle mérite à tant d'égards, pour le soutien de la morale et l'intérêt du bonheur public.

Je dois aussi prévenir que si je n'ai pas observé les bienséances de l'anonyme envers l'auteur du dictionnaire des athées, que cette mémorable lettre réprimande avec autant de sagesse que de fermeté; c'est qu'appellé par lui sur la scène, il ne s'est pas contenté d'en lever le rideau, mais il le déchira vaniteusement de ses propres mains, en disant page 75, qu'il se *faisoit gloire* d'avoir apposé sur cet ouvrage abominable, le sceau de son nom : je devois donc laisser paroître devant le public, ce téméraire auteur, avec son signalement comme moi avec le mien.

D'ailleurs, ce savant inconsidéré s'est exposé bien

sciemment à la juste sévérité de Napoléon : il savoit
que ce prince religieux , avoit dans ses premières
campagnes d'Italie, rappellé à leur devoir évangéli-
que les prêtres turbulens ; il savoit que le 5 juin 1800 ,
sept jours avant la bataille de Marengo, Bonaparte ,
Premier Consul , avoit consigné l'expression suivante
dans sa lettre aux curés de Milan : « Moi aussi je
» suis philosophe et sais que , dans une société quel-
» conque, nul homme ne savoit passer pour vertueux
» et juste , s'il ne sait d'où il vient et où il va. La
» simple raison ne peut fournir là-dessus aucune lu-
» mière ; sans religion , on marche continuellement
» dans les ténèbres , et la Religion catholique est la
» seule qui donne à l'homme des lumières certaines
» et infaillibles sur son principe et sa fin dernière.
» Nulle société ne peut exister sans morale; et il
» n'y a pas de bonne morale sans religion, il n'y a
» donc que la religion qui donne à l'état un appui
» ferme et durable ». Ce savant astronome savoit
encore qu'incontinent après la bataille de Marengo ,
le héros fit chanter à l'Eglise de Saint-Ambroise ,
à Milan , un *Te Deum* d'action de graces, et qu'assis
près du sanctuaire , dans le fauteuil du grand Théodose , il en avoit exprimé la foi vive en disant : « que
» les athées de Paris sachent que j'assiste au *Te*
» *Deum*, dans l'Eglise Métropolitaine de Milan ».
Une telle expression n'étoit-elle donc pas une suffisante menace contre des hommes qui n'épousent les
sentimens d'athéisme , que parcequ'ils ont l'esprit
anarchique et désorganisateur ? Un homme de la force
de Napoléon , doit-il jamais avoir la foiblesse de
laisser la liberté dégénérer en licence ? Soit que l'on
considère Bonaparte comme général en chef de l'Armée
d'Italie depuis le 18 mars 1796 , soit comme Premier
Consul depuis le 15 Novembre 1799, soit comme Empereur depuis le 2 décembre 1804, il a la même fermeté de caractère contre les ennemis de la religion
et de la tranquillité publique.

Voici d'après l'extrait des bureaux de la guerre, l'ordre

des grades militaires de ce héros, créateur de son élévation suprême.

1.º Napoléon Bonaparte, né français à Ajaccio le 15 août 1769, quinze mois après la cession de l'isle de Corse à la France par les Génois. (Voyez p. 52 et 61 de l'ouvrage.)

2.º Nommé officier le premier septembre 1785.

3.º Nommé au grade de Capitaine, le 6 février 1792.

4.º Nommé chef de bataillon, le 20 octobre 1793.

5.º Nommé général de brigade, le 7 février 1794.

6.ºNommé général de division, le 26 octobre 1795.

7.º Nommé général en chef de l'armée de l'intérieur, à la même époque.

8.º Nommé général en chef de l'Armée d'Italie, le 18 mars 1796.

Il viendra sans doute le tems désiré du ciel, où cette lettre, jusqu'ici déposée dans les archives de l'Empire, sera mise au grand jour, pour être un éternel trophée de commune victoire à la fête anniversaire des braves d'Austerlitz. Entourrée d'un cadre d'or, attachée à la tête du cénotaphe, et sur la tenture funèbre d'un bout à l'autre du temple paré de deuil, elle invitera tous les siècles à l'adoration de l'Etre Suprême, que les guerriers avec les livres Saints, appellent le *Dieu des Armées.* Au-dessus des panaches du dais du catafalque, à 70 pieds de haut, seroit élevée une grande croix d'honneur, surmontée d'un grand *jéhova* servant d'emblême à cette lettre religieuse qui par le Tout-Puissant seroit de toutes parts investie de foudres et de mille rayons perçans de gloire.

Il est gracieux d'observer que la tenture funèbre du 9 mars 1806, s'étendoit comme la tenture brillante du Sacre Impérial du 2 décembre 1804, depuis le portail jusqu'au fond du chœur, à plus de 200 pieds de long sur 60 de hauteur, jusqu'au dessus des cintres de tous les pilliers latéraux. Le catafal-

que aussi de 60 pieds , égaloit l'élévation du trône
dont j'ai fait la description page 139. On voit par ce
parallèle, que le Sage Conquérant de la germanie
voulut élever à son même dégré de gloire, ses invincibles frères d'armes. Les longues et flottantes draperies angulaires des quatre bonnes graces, en
étoient de la même ampleur et de la même majesté ,
depuis le sommet, ou le couronnement du dais, jusqu'au pavement. Nulle autre différence entre ces deux,
appareils imposans, que celle qu'exigeoit la différente
nature des deux solemnités. D'une part , des étoffes
de laine d'une couleur sombre et lugubre : de
l'autre, des draps de soie d'un rouge éblouissant. Au
catafalque , des franges blanches en forme de pleu-
reuses bordoient les draperies sépulchrales : au trône
Impérial , des glaudes , des franges , des crépines d'or
sur un velours cramoisi d'un reflet resplendissant ,
marquoient l'éclat , la richesse , la magnificence
d'une solemnité que l'allégresse devoit embellir et
vivifier de toutes parts : mais la ressemblance de la
longueur et de la hauteur , étoit de part et d'autre
si parfaite , que les générations futures auront à perpétuité l'image du sacre impérial de Napoléon, en
venant chaque année admirer le catafalque des valeureux combattans d'Austerlitz , qui ont avec la
sienne , cimenté leur immortelle gloire. Le trône
Impérial , commandé par le respect envers l'Etre Suprême , étoit placé à la plus grandé distance possible de l'autel , près du portail ; le catafalque de nos
braves , voué à la miséricorde expiatrice du dieu de
bonté, fut et sera toujours dressé près du sanctuaire.
Le trône et le sacre de Napoléon ont publié l'existence du roi des cieux, maître souverain de tous les
rois de la terre. Le catafalque *austerlitzien* dira chaque année jusqu'à la fin des siècles, que le Tout-Puissant à qui notre héros doit son sceptre et son diadème, donne en échange, une gloire qui n'aura jamais
de fin, aux guerriers vertueux qui au prix de leur
sang, ont vengé la cause de la patrie. Ce monument
lugubre ne cessera de nous dire, que ces milliers de bras

valeureux doivent un jour reprendre vie, pour ne la
perdre jamais plus; et que leurs armures invincibles
seront dans leurs mains, changées en des palmes glorieuses d'une éternelle splendeur, au sein d'un interminable repos et dans la satiété d'une jouissance
sans bornes.

A côté de ces ravissans tableaux d'éternelle félicité,
que les conceptions de l'athée sont avilissantes, in-
jurieuses et méprisables !

Troisième Observation.

L'ouvrage auquel ces 128 pages servent de dernier supplément, devoit paroître lors du Sacre de
l'Empereur Napoléon : diverses maladies de l'auteur
l'ont d'abord retardé. Il étoit avancé jusqu'à la 243.ᵉ
page, lorsque selon qu'il est dit dans l'avis au lecteur,
il fut envoyé au Saint Père le premier avril 1805,
trois jours avant son départ pour Rome. Une chaîne
de divers événemens politiques, jointes à une santé
valétudinaire, forma par la suite, d'autres retards qui
amenèrent selon les circonstances, plusieurs supplé-
mens. Le premier, placé avant la table page 277,
concerne un astronome de Palerme. Le second, porté
après la table, relève une hérésie du Missel de Paris,
que l'auteur a fait ingénieusement tourner à l'avance-
ment de la réunion des Grecs. Le troisième et dernier supplément, page 301, jusqu'à 428, rappelle les glorieux exploits et la modération magnanime du héros incomparable, qui après avoir créé
le Concordat français, doit par les mêmes principes conciliateurs, opérer la réunion de tous les Cultes chrétiens, dans l'heureux tems d'une paix générale
et perpétuelle prochaine, dont l'auteur a saisi les
momens d'heureux augure, dans le courant d'avril 1806,
pour publier enfin cet ouvrage, dont la dédicace
faite à Sa Majesté l'Empereur, est exprimée dans le
titre conçu en ces termes : *Hommage et Gloire aux
deux illustres Conciliateurs du 19 siècle, Pie VII,
et Napoléon le Grand !*

Nota. Cet ouvrage embrasse trois objets importans du bonheur public, proposés à l'activité de l'Empereur Napoléon, à qui tout ce qui est grand et difficile plaît, comme plus analogue à son genre unique de gloire. 1.° Bannir à jamais les troubles intérieurs par la *réunion des Cultes.* 2.° Anéantir les guerres du dehors par un *Consulat royal.* 3.° Assurer pour toujours l'approvisionnement de Paris et de toute la France, par un dépôt établi à Pontoise.

Un de mes amis, animé du même zèle du bonheur des humains, propose pour toute la France, trois autres avantages signalés. 1.° Le pain à deux sols la livre à perpétuité. 2.° La viande à huit sols aussi à perpétuité. 3.° L'acquit de toute la dette de l'état, pourvu qu'elle n'excède pas quatre milliards.

Il ne demande pas une seule obole au gouvernement pour réaliser ses trois plans. L'état au contraire y puisera des ressources pécuniaires infinies par la multitude de viremens qui devront s'y opérer. Il est tellement certain de ses opérations, qu'il consent d'être gardé à vue, jusqu'à parfait succès, et d'être puni comme traitre à la patrie, s'il ne réussit pas. Le cultivateur n'y sera point découragé, les rentes et les pensions payées en entier et le grand livre anéanti.

Je prie que l'étonnement ne repousse point ici la réalité : M. Lenoir, lieutenant de police depuis 1775, a maintenu pendant toute sa gestion de dix à douze ans, le pain à deux sols la livre : et mon ami a déjà donné une autre preuve non moins forte des ressources de son génie charitable en ce genre : il n'avoit pas un grain de blé, pas une once de farine à sa disposition, quand par un contrat notarié du 17 novembre 1795, passé avec le gouvernement, il s'engagea à faire cesser l'horrible famine; et néanmoins avant dix jours, il avoit déjà fait circuler dans Paris, et dans toute la France quatre millions de quintaux et PLUS, tant grains que farine, lequel PLUS faisoit un objet de plus de dix millions de quintaux : ou, pour mieux dire, englobant adroitement l'universalité des grains de la France, de l'Europe, même de la Barbarie, de Philadelphie, etc. Toutes ces choses sublimes et utiles, sont dignes du règne de Napoléon.

A. J. GUYOT, rue et Collége d'Arras, à Paris, 1806.

Prix trois francs.

Les deux exemplaires sont fournis à la Bibliothèque.

TABLE.

Fin de la Table.

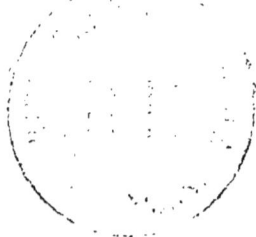

www.ingramcontent.com/pod-product-compliance
Lightning Source LLC
Chambersburg PA
CBHW071824090426
42737CB00012B/2174

Napoléon en Germanie , par A.-J. Guyot

http://gallica.bnf.fr/ark:/12148/bpt6k63021086

hachette LIVRE   {BnF   gallica BIBLIOTHÈQUE NUMÉRIQUE

9 782019 206208